BONO
e leggero

ISBN 978-88-309-0477-4

PRIMA EDIZIONE:
gennaio 2025

REALIZZAZIONE EDITORIALE:
Lidia Rossi, Alessandra Valenti

PROGETTO GRAFICO E IMPAGINAZIONE:
Flora Sala, Giorgia Semeria
per **Studio Anastasia**

ERIC SLIWINSKI

BONO e leggero

LA MIA CUCINA GOLOSA E FIT

CAIRO

ERIC SLIW

IL GUSTO DELLA SEMPLICITÀ: LA MIA CUCINA RACCONTA CHI SONO

La mia vita gira attorno alla cucina, da sempre. Cucino per passione, per lavoro e, a un certo punto, anche per necessità. Perché il cibo non è solo nutrimento, ma è piacere, cura e creatività. È così che ho trasformato un bisogno – quello di perdere peso e stare meglio – in un percorso che mi ha portato a scoprire un nuovo modo di stare in cucina, uno stile che non solo mi somiglia, ma che voglio condividere con chiunque abbia voglia di mangiare bene senza annoiarsi mai.

Questo libro non è solo una raccolta di ricette: è il mio racconto. È la storia di come ho perso 25 chili senza mai rinunciare al gusto, di come ho imparato a scegliere gli ingredienti giusti, a giocare con sapori e consistenze, a creare piatti sani che fanno bene al corpo e all'anima. È un invito a sperimentare, a essere curiosi, a mangiare con gioia e soddisfazione.

La mia passione per la cucina ha origini semplici e familiari. È nata nella piccola cucina di casa, accanto a mia madre e mia nonna. Mamma sognava di diventare cuoca: aveva studiato all'alberghiero

e portava in tavola ogni giorno piatti pieni d'amore. Era lei che mi coinvolgeva in ogni preparazione, mi faceva mettere le mani in pasta e mi insegnava a osservare, assaggiare, capire gli ingredienti.

Anche mia nonna mi ricorda sempre che appena vedevo la farina, ero già lì a impastare. Crescendo, non è mai cambiato nulla: la cucina è sempre stata il mio posto sicuro, il luogo dove mi sentivo libero di esprimermi. Quando è arrivato il momento di scegliere la scuola superiore, non ho avuto dubbi: ho scelto l'istituto alberghiero.
Lì ho imparato le tecniche di base, ho conosciuto il mondo della ristorazione, anche se la svolta è arrivata con i primi lavori: prima ho fatto uno stage con la chef Cristina Bowerman, da cui ho imparato a trattare il cibo in modo differente, seguendo la stagionalità degli ingredienti e la passione per le preparazioni. In quel periodo mi sono avvicinato a qualcosa che sarebbe diventato centrale nella mia vita: il concetto di alimentazione sana. L'idea di poter creare piatti belli e sani mi ha svelato nuovi orizzonti: ho capito che mangiare bene non vuol dire privarsi, ma semplicemente imparare a scegliere. Così, mentre lavoravo, ho cominciato a studiare da solo: libri, ricerche, prove ai fornelli. Ho voluto capire come unire il piacere della cucina con un'alimentazione equilibrata.

LA TRASFORMAZIONE: 25 CHILI IN MENO, TANTA CREATIVITÀ IN PIÙ

Non è un segreto: a un certo punto sono stato in forte sovrappeso. Sentivo che dovevo cambiare qualcosa, ma l'idea di seguire un piano alimentare fatto solo di riso bollito, pollo alla piastra e zucchine lessate mi sembrava una condanna. Così ho deciso di provare a sperimentare: partendo dalle basi che avevo appreso durante il mio percorso di studi, ho cominciato a creare piatti che fossero allo stesso tempo sani, saporiti e belli da vedere. All'inizio è stato complicato: continuavo a usare olio e burro senza pensarci troppo, poi ho capito che il problema non è il cibo in sé, ma il modo in cui lo prepariamo.
La verità è che ingrassiamo non per quello che mangiamo, ma per come lo cuciniamo. L'olio in eccesso, il burro usato senza criterio, le porzioni sballate. Ho imparato a eliminare il superfluo, a scegliere ingredienti che saziano senza appesantire e a trasformare anche un piatto semplice in qualcosa di bello e soddisfacente. Nel giro di sei mesi, senza soffrire la fame e senza rinunciare a una cena fuori con gli amici, ho perso 25 chili. Il segreto? Non annoiarsi mai. Se mangiamo sempre le stesse cose, molliamo. Io invece trasformo ogni pasto in un piatto diverso, anche usando sempre gli stessi ingredienti. È questo che troverete nelle mie ricette: varietà, colore, sapore e leggerezza.

DALLA TAVOLA AI SOCIAL

Dopo aver raggiunto dei risultati cambiando la mia alimentazione, ho pensato di condividere la mia esperienza. Ho girato un video in cui raccontavo come fare un semplice risotto alle zucchine, e da lì è cambiato tutto. Ho cominciato a pubblicare altre ricette sui social, raccontando il mio percorso, spiegando come trasformare ingredienti semplici in piatti che rubano un sorriso.

Le persone mi scrivevano: mamme che volevano idee per rendere sfiziose e sane le loro ricette per i figli, ragazzi che cercavano spunti per mangiare meglio senza rinunciare al gusto, persone che si sentivano ispirate dal mio percorso e volevano sapere come ci ero riuscito. Ho iniziato a rispondere a tutti, a scambiare consigli, a provare le idee che mi suggerivano. È così che la mia cucina è diventata un dialogo con chi mi segue.

Quello che piace alle persone, credo, è che non propongo piatti alla moda o ricette impossibili: preparo cose semplici, ma con un tocco di creatività. I miei piatti sono quelli che cucino per me stesso, ogni giorno, perché credo che il cibo debba essere prima di tutto un piacere.

GLI INGREDIENTI CHE CONSIGLIO PER NON ANNOIARSI MAI

Per perdere peso senza soffrire, bisogna saper scegliere gli ingredienti giusti e conoscere quelli che possono aiutare a comporre un piatto saziante e proteico, come l'albume d'uovo, lo yogurt greco, la quinoa e il couscous. Sono alimenti che aggiungono volume ai piatti senza troppe calorie e possono essere combinati in mille modi diversi.

Le verdure di stagione sono un altro punto fermo della mia cucina: non solo hanno più sapore, ma costano meno e sono più ricche di nutrienti. Le zucchine, ad esempio, sono perfette per fare creme e salse grazie alla loro pectina naturale, mentre broccoli e cavolfiori si prestano a mille varianti.

E poi ci sono i trucchi:

SPEZIE ED ERBE AROMATICHE

per aggiungere sapore senza calorie.

PATATE

spesso demonizzate, ma ottime per dare sazietà senza esagerare con le porzioni.

BURRO

che uso con moderazione, perché ha meno calorie dell'olio (sorpresa, vero?).

SOSTITUZIONI INTELLIGENTI

ad esempio, lo zucchero con dolcificanti naturali o lo yogurt greco al posto di salse più caloriche.

Mangiare sano non significa privarsi: significa cucinare con attenzione, divertirsi ai fornelli e sperimentare.

UNA CUCINA SENZA CONFINI: LIBERA E CURIOSA

La mia cucina è un mix di culture. Le mie radici polacche si intrecciano con quelle italiane e con la voglia di sperimentare sapori nuovi.
Non mi pongo limiti: uso ingredienti orientali, creo varianti di piatti tradizionali e mi prendo la libertà di "rivisitare" senza paura, anche i mostri sacri della cucina romana! Qualcuno mi critica per questo, ma io credo che la cucina debba essere un viaggio, non una prigione.
Mischiare, provare, assaggiare: è così che nascono i piatti che mi rappresentano di più.
Se c'è una cosa che voglio trasmettere con questo libro è che mangiare bene è alla portata di tutti. Non serve essere chef stellati, non serve passare ore ai fornelli. Serve solo curiosità, un po' di organizzazione e la voglia di provare.
Qui troverete ricette semplici, adatte a tutti, che potete modellare secondo il vostro stile di vita e le vostre esigenze. Se state seguendo una dieta, potete usare le stesse quantità suggerite dal vostro nutrizionista, ma trasformarle in piatti che vi danno soddisfazione. Perché una dieta funziona solo se si riesce a seguirla con piacere.

Quindi, armatevi di fantasia, prendete gli ingredienti che più vi piacciono e divertitevi. La cucina è questo: un gioco che ci sazia, ci coccola e ci fa stare bene.

PRIMAVERA

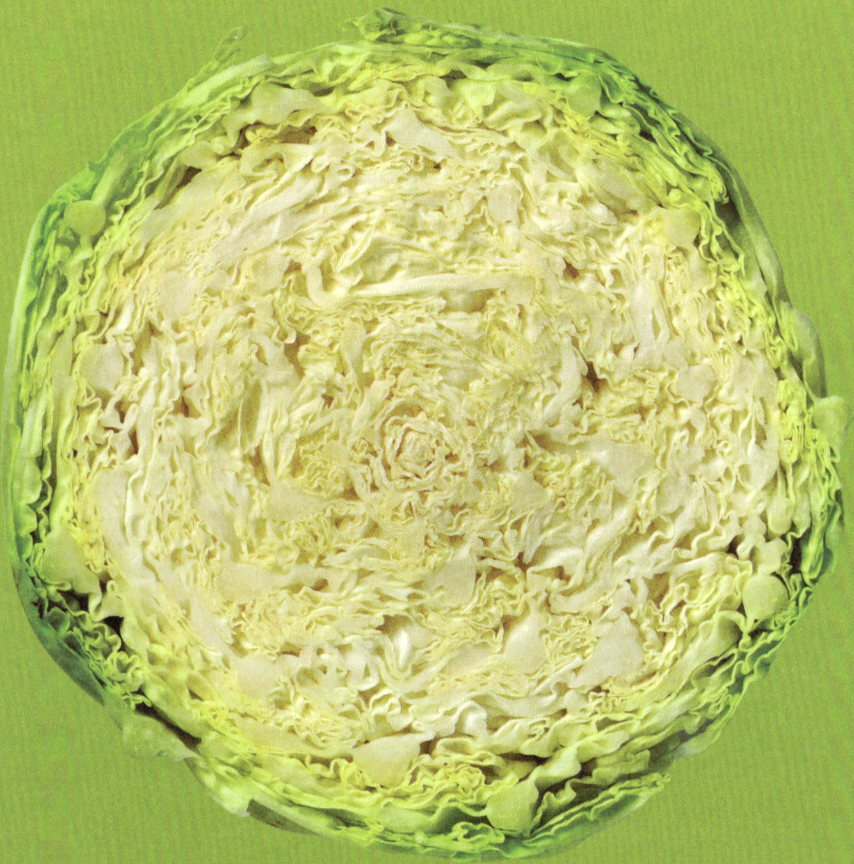

COLAZIONE

PRIMI

SECONDI

DOLCI

8 MINUTI

2 ORE

FACILE

PRIMAVERA

CHIA PUDDING PROTEICO ALLE FRAGOLE

· COLAZIONE ·

PER 1 PERSONA

15 G	SEMI DI CHIA
100 G	YOGURT GRECO
100 G	FRAGOLE
100 ML	LATTE INTERO
20 G	SCIROPPO D'ACERO

Per fare colazione con un budino di chia, dovrete prepararlo la sera prima. Mettete in un frullatore lo yogurt greco, le fragole mondate e lavate, il latte e lo sciroppo d'acero.

Frullate fino a ottenere un composto liscio e omogeneo, poi unite i semi di chia, senza frullare ma mescolando con un cucchiaio per amalgamare bene il tutto.

Trasferite il composto in un bicchiere abbastanza grande e lasciatelo in frigorifero per tutta la notte (o per almeno 2 ore). I semi di chia assorbiranno buona parte del liquido dando al composto la consistenza di un vero e proprio budino.

Consiglio > Per aggiungere dei carboidrati al pasto, potete sbriciolare 2 biscotti sul budino prima di mangiarlo.

15 MINUTI

5 MINUTI

FACILE

PRIMAVERA

FRENCH TOAST

· COLAZIONE ·

PER 1 PERSONA

3	FETTE DI PANE IN CASSETTA (75 G CIRCA)
100 ML	BEVANDA VEGETALE A PIACERE
100 G	ALBUME
5	GOCCE DI AROMA ALLA VANIGLIA (OPPURE 1 BACCELLO)
1	CUCCHIAINO DI CANNELLA IN POLVERE
100 G	YOGURT GRECO
5-6	GOCCE DI DOLCIFICANTE
Q.B.	FRUTTA A PIACERE
Q.B.	ZUCCHERO A VELO

In una ciotola capiente, battete con una frusta l'albume con la bevanda vegetale, la cannella e l'aroma alla vaniglia (o i semi estratti dal baccello).

Immergete velocemente le fette di pane nel composto ottenuto, sistematele in una padella ben calda e fatele dorare su entrambi i lati.

Mondate e tagliate a pezzetti la frutta e mescolatela allo yogurt greco, aggiungendo anche il dolcificante.

Componete il french toast sistemando nel piatto una fetta di pane, poi spalmatela con metà dello yogurt mischiato con la frutta. Ripetete nuovamente questo passaggio con la seconda fetta di pane e lo yogurt rimasto e terminate con l'ultima fetta di pane.

A piacere, potete decorare il toast con zucchero a velo o con altra frutta fresca. Vi consiglio di optare per delle fragole.

10 MINUTI
10 MINUTI
FACILE

PRIMAVERA

PANCAKE PROTEICO RIPIENO DI CIOCCOLATO E CILIEGIE

• COLAZIONE •

PER 1 PERSONA

20 G	STEVIA
40 G	FARINA 00
1	UOVO
40 G	YOGURT GRECO
1	CUCCHIAINO DI LIEVITO ISTANTANEO PER DOLCI
20 ML	LATTE
10	CILIEGIE
15 G	CIOCCOLATO FONDENTE
Q.B.	OLIO DI SEMI

Riunite in una ciotola la farina, la stevia, l'uovo, lo yogurt greco, il lievito e il latte e mescolate fino a ottenere un composto omogeneo.

Denocciolate le ciliegie, tagliatele a metà e unitele all'impasto preparato, mescolando per amalgamarle.

Scaldate una padella leggermente unta di olio e versatevi metà dell'impasto, dandogli la classica forma rotonda del pancake.

Tagliate grossolanamente il cioccolato e distribuitelo sopra l'impasto nella padella, poi versatevi sopra l'impasto rimasto e coprite la padella con un coperchio. Abbassate la fiamma al minimo e cuocete per 2-3 minuti.

Capovolgete il pancake e cuocetelo per altri 3-4 minuti sull'altro lato. Ora la colazione è pronta e potete godervi il vostro pancake!

40 MINUTI

25 MINUTI

MEDIA

PRIMAVERA

CONCHIGLIONI AL FORNO RIPIENI DI RICOTTA E SPINACI

• PRIMI •

PER 2 PERSONE

200 G	CONCHIGLIONI
200 G	SPINACI FRESCHI
250 G	PASSATA DI POMODORO
130 G	RICOTTA LIGHT
40 G	PARMIGIANO GRATTUGIATO
1	UOVO
10 G	OLIO EXTRAVERGINE DI OLIVA
½	CIPOLLA
½	COSTA DI SEDANO
½	CAROTA
Q.B.	SALE
Q.B.	PEPE

Mondate e tagliate finemente il sedano, la carota e la cipolla. Soffriggeteli in una padella con l'olio e, quando saranno dorati, aggiungete la passata di pomodoro e fate sobbollire a fuoco basso per circa 20 minuti, aggiungendo anche un pizzico di sale e di pepe.

Nel frattempo, sbollentate gli spinaci, scolateli, strizzateli e tagliateli finemente, poi mescolateli in una ciotola con la ricotta, l'uovo, il sale e il pepe.

Cuocete i conchiglioni in acqua bollente salata e scolateli circa 2-3 minuti prima del tempo indicato sulla confezione. Lasciateli intiepidire, poi riempiteli con il composto di ricotta e spinaci.

Distribuite sul fondo di una teglia la salsa di pomodoro ancora calda. Sistematevi sopra i conchiglioni, con la parte aperta rivolta verso l'alto, poi aggiungete su ogni conchiglione un cucchiaio di salsa di pomodoro e una spolverata di parmigiano.

Cuocete nel forno caldo a 190 °C per circa 15 minuti e servite i conchiglioni ben caldi.

30 MINUTI
25 MINUTI
FACILE

PRIMAVERA

FARFALLE CON SPECK, CREMA DI PORRI E ZAFFERANO

· PRIMI ·

PER 1 PERSONA

90 G	FARFALLE
20 G	PATATA
20 G	SPECK
1	PORRO
1	BUSTINA DI ZAFFERANO
Q.B.	OLIO EXTRAVERGINE DI OLIVA
Q.B.	SALE
Q.B.	PEPE

Mondate e tagliate il porro a rondelle e la patata a cubetti molto piccoli.

Ungete leggermente una padella, strofinandola con un foglio di carta assorbente impregnato con qualche goccia di olio, poi fatevi rosolare lo speck tagliato a fiammiferi.

Quando lo speck sarà dorato, toglietelo dalla padella e versatevi il porro e le patate. Aspettate che tutto inizi a scaldarsi, poi coprite con dell'acqua e lasciate bollire per circa 5-6 minuti, facendo attenzione a non far scolorire il porro.

Scolate le verdure e frullatele fino a ottenere una crema omogenea, aggiungendo un pizzico di sale e di pepe.

Cuocete la pasta in acqua bollente leggermente salata, poi scolatela conservando un bicchierino da caffè di acqua di cottura nella quale scioglierete lo zafferano.

Versate la pasta in una padella con la crema di porri e patate e lo zafferano, mescolate bene per amalgamare il tutto e fate saltare per qualche minuto. Servite la pasta arricchita con lo speck dorato.

15 MINUTI | 12 ORE | 10 MINUTI | FACILE

INSALATA DI QUINOA, CECI E ASPARAGI

PRIMAVERA

· PRIMI ·

PER 2 PERSONE

100 G	CECI SECCHI (OPPURE 200 G DI CECI IN SCATOLA SGOCCIOLATI)
160 G	QUINOA
10	ASPARAGI
1	LIMONE
1	CIPOLLOTTO
1	CUCCHIAIO DI OLIO EXTRAVERGINE DI OLIVA
Q.B.	SALE
Q.B.	PEPE

Se utilizzate i ceci secchi, ammollateli in acqua per circa 12 ore prima di cuocerli per il tempo indicato sulla confezione. Al termine della cottura, scolateli e teneteli da parte.

Sciacquate la quinoa sotto abbondante acqua corrente, poi versatela in una pentola aggiungendo circa il doppio della quantità di acqua rispetto al quantitativo di quinoa. Cuocetela per circa di 10-12 minuti, finché l'acqua sarà completamente assorbita (non scolate la quinoa per evitare che i chicchi si rompano).

Lavate bene gli asparagi e tagliateli a rondelle, lasciando le punte intere, poi sbollentateli in acqua salata per circa 5 minuti.

Tritate il cipollotto e mescolatelo in una ciotola con i ceci, la quinoa e gli asparagi. Condite l'insalata di quinoa con l'olio, il sale, il pepe, il succo e la scorza del limone e mescolate bene il tutto. Questo piatto è perfetto da preparare in anticipo per un pranzo fuori casa.

20 MINUTI
13 MINUTI
FACILE

PRIMAVERA

PASTA CON RICOTTA E AGRETTI

· PRIMI ·

PER 1 PERSONA

100 G	PASTA
100 G	AGRETTI
70 G	RICOTTA LIGHT
1	LIMONE
10 G	OLIO EXTRAVERGINE DI OLIVA
Q.B.	SALE
Q.B.	PEPE

Mondate e lavate gli agretti, eliminando le radici e la parte terminale dei gambi, che risultano duri, poi sbollentateli in acqua leggermente salata e, dopo averli scolati, conditeli con il succo del limone e un pizzico di sale.

Portate a ebollizione abbondante acqua salata in una pentola e cuocetevi la pasta (potete scegliere il formato che preferite).

Nel frattempo, mescolate in una ciotola la ricotta con la scorza del limone, un pizzico di sale e di pepe e poca acqua di cottura della pasta.

Scolate la pasta, tenendo da parte un poco dell'acqua di cottura, e trasferitela nella ciotola con la crema di ricotta. Se necessario, aggiungete poca per volta l'acqua di cottura tenuta da parte, fino a ottenere la giusta cremosità, poi unite anche gli agretti e un filo di olio e mescolate bene il tutto. Servite la pasta ancora tiepida.

25 MINUTI
20 MINUTI
FACILE

PENNONI RIGATI CON CREMA DI PORRI E SALMONE AFFUMICATO

PRIMAVERA

· PRIMI ·

PER 1 PERSONA

100 G	PENNONI RIGATI
1	PORRO
20 G	PATATA
50 G	SALMONE AFFUMICATO
Q.B.	OLIO EXTRAVERGINE DI OLIVA
Q.B.	SALE
Q.B.	PEPE

Tagliate a dadini la patata e mettetela a cuocere in una padella leggermente unta con l'olio. Appena si sarà abbrustolita, aggiungete il porro tagliato a rondelle e fate cuocere, mescolando in continuazione, per circa 1 minuto.

Coprite con dell'acqua e lasciate bollire per 5-6 minuti, facendo attenzione a non far scolorire il porro. Scolate le verdure e frullatele fino a ottenere una crema omogenea, aggiungendo un pizzico di sale e di pepe.

Cuocete la pasta in acqua bollente salata per il tempo indicato sulla confezione, poi scolatela, trasferitela in una padella con la crema di porri e fatela saltare per circa 30 secondi.

Sistemate la pasta in un piatto, aggiungete il salmone affumicato tagliato a pezzetti e servite.

35 MINUTI

20 MINUTI

MEDIA

PRIMAVERA

RISOTTO PRIMAVERILE

· PRIMI ·

PER 1 PERSONA

90 G	RISO CARNAROLI
7	ASPARAGI
1	ZUCCHINA
30 G	PISELLI FRESCHI GIÀ SGUSCIATI
5	BACCELLI DI FAVE
½	CIPOLLA
15 G	PARMIGIANO GRATTUGIATO
10 G	BURRO
Q.B.	SALE
Q.B.	PEPE

Tagliate a piccole rondelle gli asparagi, lasciando interi i due più grossi che terrete da parte. Mondate e tagliate a cubetti la zucchina. Sgusciate le fave.

Riunite tutti gli scarti delle verdure in una pentola, aggiungendo anche la cipolla. Coprite con abbondante acqua e preparate un brodo. Non appena sarà pronto (circa 5 minuti dopo che avrà iniziato a bollire), iniziate la preparazione del risotto.

Tostate il riso in un pentolino e, non appena i chicchi saranno ben caldi, aggiungete un mestolo di brodo filtrato, coprendo completamente il riso. Quando inizierà a bollire in maniera decisa, aggiungete le verdure preparate in precedenza: fave, piselli, zucchine e asparagi a rondelle.

Continuate ad aggiungere il brodo, poco per volta, fino portare il riso a cottura (serviranno circa 13-15 minuti, a seconda del tempo di cottura indicato sulla confezione).

Una volta che il riso sarà cotto, facendo attenzione a non farlo asciugare troppo, spegnete il fuoco. Aggiustate di sale e di pepe e mantecate con il burro e il parmigiano.

Tagliate a striscioline sottili gli asparagi tenuti da parte, utilizzando un pelapatate e facendolo scorrere su tutta la lunghezza degli asparagi senza fare troppa pressione.

Impiattate il risotto e decoratelo in superficie con gli asparagi croccanti conditi con un pizzico di sale e di pepe.

50 MINUTI
35 MINUTI
MEDIA

PRIMAVERA

TAGLIOLINI CON CALAMARI E CARCIOFI

• PRIMI •

PER 2 PERSONE

250 G	TAGLIOLINI FRESCHI
2	CARCIOFI
150 G	CALAMARI GIÀ PULITI
20 ML	VINO BIANCO
10 G	OLIO EXTRAVERGINE DI OLIVA
1	SPICCHIO DI AGLIO
1	LIMONE
Q.B.	SALE
Q.B.	PEPE

Pulite i carciofi tagliando il gambo, che terrete da parte, ed eliminando tutte le foglie esterne che risultano dure e fibrose (usate dei guanti). Tagliate ora i carciofi a fettine sottili e conditele con il succo del limone in modo che non anneriscano.

Pulite i gambi, asportando la parte esterna con un pelapatate, e sbollentateli in acqua fino a quando saranno morbidi. Scolateli e frullateli con un pizzico di sale e di pepe.

Rosolate i calamari tagliati a rondelle in una padella con l'olio e lo spicchio di aglio. Sfumateli con il vino, aggiungete le fettine di carciofo e la crema preparata con i gambi.

Cuocete i tagliolini in acqua bollente salata, scolateli e trasferiteli nella padella con il condimento insieme a un poco di acqua di cottura, in modo da ottenere una consistenza cremosa. Servite i tagliolini ben caldi per preservare tutti i sapori.

50 MINUTI

30 MINUTI

FACILE

PRIMAVERA

ALICI PANATE AL FORNO

· SECONDI ·

PER 4 PERSONE

600 G	FILETTI DI ALICI FRESCHE
100 G	PANGRATTATO
20 G	SEMOLA DI GRANO DURO
2	UOVA
1	LIMONE
2	CUCCHIAI DI OLIO EXTRAVERGINE DI OLIVA
1	CUCCHIAIO DI PREZZEMOLO TRITATO
Q.B.	SALE
Q.B.	PEPE

Preriscaldate il forno a 200 °C. In una ciotola abbastanza capiente, battete le uova con un pizzico di sale e di pepe e il succo del limone. Immergete i filetti di alici nell'uovo battuto, ricoprendoli bene.

Mescolate in un piatto la semola con il pangrattato, il prezzemolo tritato, l'olio e un pizzico di sale.

Prelevate i filetti di alici, uno per volta, facendo attenzione a non romperli, sgocciolateli leggermente dall'uovo e panateli omogeneamente nel composto di pangrattato e semola.

Sistemate le alici in una teglia rivestita con un foglio di carta da forno (facendo attenzione a non sovrapporle). Cuocetele nel forno caldo, in modalità ventilata, per circa 30 minuti. Una volta dorate, le alici saranno pronte per essere servite.

20 MINUTI | 10-12 ORE | 45 MINUTI | FACILE

PRIMAVERA

FALAFEL DI LENTICCHIE E CREMA DI ZUCCHINE

· SECONDI ·

PER 1 PERSONA

100 G	LENTICCHIE SECCHE
100 G	PATATE
1	ZUCCHINA
1	SPICCHIO DI AGLIO
Q.B.	PANGRATTATO
Q.B.	OLIO EXTRAVERGINE DI OLIVA
Q.B.	SALE
Q.B.	PEPE

Mettete in ammollo le lenticchie per 10-12 ore, poi scolatele e cuocetele in acqua fredda con le patate tagliate a piccoli cubetti. L'acqua dovrà coprire a filo le lenticchie, così che al termine della cottura sarà stata assorbita completamente e avrà formato un composto denso. Quando siete quasi a fine cottura, aggiungete sale e pepe.

Lasciate raffreddare le lenticchie, poi formate delle polpettine di circa 50 g l'una e panatele leggermente nel pangrattato, ricoprendole uniformemente.

Fate dorare le polpette di lenticchie su entrambi i lati in una padella ben calda, schiacciandole leggermente per dargli la classica forma dei falafel.

Mondate e tagliate la zucchina a fettine e rosolatele in una padella con l'aglio e un filo di olio, poi rimuovete l'aglio e frullate il tutto. Servite i falafel di lenticchie su uno strato di crema di zucchine calda.

Consiglio > Per ridurre i tempi di ammollo delle lenticchie potete utilizzare 1 cucchiaino di bicarbonato sciolto nell'acqua dell'ammollo (i tempi di attesa si dimezzeranno).

10 MINUTI
30 MINUTI
FACILE

PRIMAVERA

FARINATA DI CECI E VERDURE

• SECONDI •

PER 2 PERSONE

180 G	FARINA DI CECI
350 ML	ACQUA
100 G	BIETE CRUDE
1	PORRO
Q.B.	OLIO EXTRAVERGINE DI OLIVA
Q.B.	ROSMARINO
Q.B.	SALVIA
Q.B.	SALE
Q.B.	PEPE

Preriscaldate il forno a 180 °C. Mondate e tagliate il porro a rondelle sottili e cuocetelo in una padella leggermente unta d'olio.

Tagliate a pezzetti le biete e, dopo averle lavate accuratamente, aggiungetele al porro e coprite la padella con un coperchio. Cuocete le verdure per 5 minuti.

Nel frattempo, mescolate in una ciotola la farina di ceci con 2 cucchiai di olio, l'acqua, il rosmarino e la salvia tritati, un pizzico di sale e di pepe.

Una volta che le verdure saranno cotte, aggiungetele al composto preparato e amalgamate bene il tutto.

Ungete leggermente una teglia di 24 cm di diametro, versatevi il composto, livellate la superficie e cuocete la farinata nel forno caldo, in modalità ventilata, per circa 25 minuti.

Quando la farinata sarà dorata in superficie potrete sfornarla e servirla divisa in 4 parti.

15 MINUTI
10 MINUTI
FACILE

HAMBURGER DI POLLO CON ZUCCHINE MARINATE

PRIMAVERA

· SECONDI ·

PER 2 PERSONE

240 G	MACINATO DI PETTO DI POLLO
1	CIPOLLA BIANCA PICCOLA
2	PANINI PER HAMBURGER (160 G)
1	ZUCCHINA
1	CUCCHIAIO DI OLIO EXTRAVERGINE DI OLIVA
100 G	YOGURT GRECO
20 ML	SALSA DI SOIA
1	SPICCHIO DI AGLIO
Q.B.	FOGLIOLINE DI MENTA
Q.B.	SALE
Q.B.	PEPE

Mondate e tagliate la zucchina per il lungo, ricavando delle fettine di 5-6 mm di spessore. Cuocetele su una griglia rovente, poi mettetele in una ciotola con lo spicchio di aglio tagliato in 4 parti, l'olio extravergine di oliva, un pizzico di sale e qualche fogliolina di menta.

Mettete in una ciotola il macinato di pollo e mescolatelo con la cipolla tritata finemente e un pizzico di sale e di pepe. Dividete il composto a metà in parti uguali e formate due sfere. Schiacciatele su una padella rovente dandogli la classica forma degli hamburger.

Cuocete gli hamburger su entrambi i lati e, quando saranno cotti e perfettamente dorati, toglieteli dal fuoco. Lasciateli riposare per qualche istante.

Nel frattempo, mischiate la salsa di soia con lo yogurt greco e scaldate leggermente il pane. Ora componete gli hamburger: spalmate la salsa di yogurt alla soia sulla parte inferiore dei due panini, adagiatevi sopra metà delle fette di zucchina e poi gli hamburger di pollo. Aggiungete le fette di zucchina rimaste e altra salsa. Chiudete con la parte superiore dei panini e gustate i vostri hamburger di pollo con zucchine marinate e salsa di yogurt alla soia.

20 MINUTI
10 MINUTI
FACILE

PRIMAVERA

INVOLTINI DI PETTO DI POLLO E SPINACI

· SECONDI ·

PER 2 PERSONE

300 G	PETTO DI POLLO TAGLIATO A FETTINE SOTTILI
60 G	FORMAGGIO TAGLIATO A FETTINE SOTTILI
200 G	SPINACI FRESCHI
20 G	OLIO EXTRAVERGINE DI OLIVA
Q.B.	FARINA 00
Q.B.	VINO BIANCO
Q.B.	SALE
Q.B.	PEPE

Cuocete in acqua bollente leggermente salata gli spinaci, precedentemente mondati e lavati. Una volta cotti, scolateli, lasciateli raffreddare completamente, poi strizzateli e fateli asciugare.

Stendete su un tagliere le fettine di petto di pollo, salatele e pepatele leggermente e disponete su una metà di ciascuna fettina una fetta di formaggio e qualche foglia di spinaci.

Arrotolate le fettine di pollo, una alla volta, facendo molta attenzione a stringere bene gli ingredienti all'interno. Fermate ciascun involtino con uno stuzzicadenti, in modo che il ripieno non fuoriesca durante la cottura.

Scaldate l'olio in una padella. Passate gli involtini nella farina, ricoprendoli uniformemente ed eliminando quella in eccesso, poi rosolateli nella padella con l'olio caldo. Fateli dorare bene su tutti i lati, poi sfumateli con il vino, aggiungete un goccio d'acqua e completate la cottura.

Servite gli involtini ben caldi, accompagnandoli, a piacere, con delle patate oppure del riso bianco.

25 MINUTI

15 MINUTI

FACILE

PRIMAVERA

MERLUZZO GRATINATO E VIGNAROLA

· SECONDI ·

PER 1 PERSONA

200 G	FILETTO DI MERLUZZO
20 G	PANGRATTATO TRITATO GROSSOLANAMENTE
1	LIMONE
30 G	PISELLI FRESCHI GIÀ SGUSCIATI
30 G	FAVE FRESCHE GIÀ SGUSCIATE
1	CARCIOFO
1	CIPOLLOTTO
10 ML	VINO BIANCO
Q.B.	OLIO EXTRAVERGINE DI OLIVA
Q.B.	MAGGIORANA
Q.B.	SALE
Q.B.	PEPE

Versate in una ciotola il pangrattato e conditelo con un cucchiaio di olio, un pizzico di sale e di pepe e le foglioline di maggiorana.

Sistemate il filetto di merluzzo in una teglia da forno, cospargetelo uniformemente con il pangrattato condito e cuocetelo nel forno caldo a 200 °C, in modalità ventilata, per 15 minuti.

Nel frattempo, passate alla preparazione della vignarola. Tritate il cipollotto e fatelo appassire in una padella con il vino e un goccio di acqua.

Sbollentate brevemente i piselli e le fave, scolateli e teneteli da parte. Mondate il carciofo eliminando il gambo e le foglie esterne, dure e fibrose, poi tagliatelo a fettine sottili.

Fate saltare tutte le verdure nella padella con il cipollotto stufato e conditele con un pizzico di sale e di pepe e il succo del limone. Sfornate il merluzzo e servitelo con la vignarola preparata.

Consiglio > Se desiderate aggiungere una quota di carboidrati a questo piatto, potete optare per delle patate sbollentate e condite semplicemente con olio e sale.

15 MINUTI | 10 MINUTI | 15 MINUTI | FACILE

PRIMAVERA

SPIEDINI DI TEMPEH AGLI AGRUMI

• SECONDI •

PER 2 PERSONE

300 G	TEMPEH
1	ARANCIA
1	LIMONE
1	PEZZETTO DI ZENZERO
20 G	MIELE
30 ML	SALSA DI SOIA
2	CUCCHIAI DI OLIO EXTRAVERGINE DI OLIVA
1	SPICCHIO DI AGLIO

Tagliate il tempeh a cubetti di circa 2 cm di lato e immergeteli in acqua bollente per 10 minuti.

Nel frattempo, mescolate in una ciotola il succo dell'arancia con quello del limone, lo zenzero grattugiato, la salsa di soia, il miele, 1 cucchiaio di olio e lo spicchio di aglio privato dell'anima e schiacciato. Scolate il tempeh e immergetelo per 10 minuti nella marinatura preparata.

Sgocciolate i cubetti di tempeh dalla marinatura e infilzateli su 2 stecchi di legno formando degli spiedini.

Scaldate in una padella l'olio rimasto e rosolatevi gli spiedini di tempeh. Una volta dorati su tutti i lati, sfumate con la marinatura rimasta nella ciotola e aspettate che si riduca e crei una salsa densa. Gli spiedini di tempeh agli agrumi saranno pronti per essere serviti.

10 MINUTI

15 MINUTI

FACILE

PRIMAVERA

BISCOTTI AL LIMONE E SEMI DI PAPAVERO

• DOLCI •

PER 15-20 BISCOTTI

150 G	FARINA 00
50 G	FARINA DI MANDORLE
20 G	DOLCIFICANTE 0 CALORIE (ERITRITOLO)
30 G	ZUCCHERO
1	UOVO
45 G	OLIO DI COCCO
2	CUCCHIAI DI SEMI DI PAPAVERO
1	CUCCHIAINO DI LIEVITO ISTANTANEO PER DOLCI
1	LIMONE
1	BACCELLO DI VANIGLIA (OPPURE AROMA)
Q.B.	SALE

In una ciotola capiente, mescolate la farina 00, la farina di mandorle, lo zucchero, il dolcificante, il lievito, i semi di papavero e un pizzico di sale.

In un'altra ciotola, battete l'uovo con l'olio di cocco fuso (non caldo), i semi estratti dal baccello di vaniglia, il succo del limone e la scorza grattugiata.

Unite gli ingredienti liquidi a quelli secchi e mescolate fino a ottenere un impasto omogeneo. Se dovesse risultare troppo asciutto, aggiungete un cucchiaio di succo di limone o di acqua.

Preparate una teglia rivestita con un foglio di carta da forno. Con un cucchiaio, prelevate piccole porzioni di impasto e formate delle palline. Schiacciatele leggermente per dare loro la forma dei biscotti, poi disponeteli nella teglia, distanziandoli un po' l'uno dall'altro.

Preriscaldate il forno a 180 °C e cuocetevi i biscotti per 12-15 minuti, o finché i bordi iniziano a dorarsi (dovranno rimanere morbidi al centro).

Sfornate i biscotti e lasciateli raffreddare completamente su una griglia prima di servirli.

10 MINUTI

1 ORA

10 MINUTI

FACILE

PRIMAVERA

MOUSSE DI RICOTTA E ALBICOCCHE

· DOLCI ·

PER 3 PERSONE

250 G	RICOTTA MAGRA
3	ALBICOCCHE FRESCHE MATURE
1-2	CUCCHIAI DI MIELE (SECONDO IL VOSTRO GUSTO)
5	GOCCE DI ESTRATTO DI VANIGLIA (FACOLTATIVO)
½	LIMONE
1	CUCCHIAIO DI YOGURT GRECO (FACOLTATIVO)
6	FOGLIOLINE DI MENTA

Lavate le albicocche sotto l'acqua corrente, asciugatele con un canovaccio e tagliatele a metà, rimuovendo il nocciolo, poi riducetele a piccoli pezzetti.

Mettete le albicocche in un pentolino con il succo del mezzo limone e cuocete tutto a fuoco medio-basso per circa 5-7 minuti, finché le albicocche saranno morbide e inizieranno a rilasciare il loro succo. Se volete dare un tocco di dolcezza in più, aggiungete un cucchiaio di miele durante la cottura. Lasciate raffreddare le albicocche, poi frullatele fino a ottenere una purea liscia.

Setacciate la ricotta in una ciotola per renderla più liscia e cremosa. Aggiungete un cucchiaio di miele e, a piacere, l'estratto di vaniglia. Se desiderate una consistenza ancora più vellutata, aggiungete anche un cucchiaio di yogurt greco.

Unite gradualmente la purea di albicocche alla ricotta, mescolando delicatamente fino a ottenere una mousse omogenea. Regolate la quantità di purea in base a quanto dolce e cremosa volete che risulti la vostra mousse.

Versate la mousse in coppette o bicchieri individuali, copriteli con la pellicola per alimenti e metteteli in frigorifero per almeno un'ora, in modo che la mousse si rassodi un po'. Al momento di servire, decorate ogni coppetta con un cucchiaino di purea di albicocca o qualche fettina di albicocca fresca, e un paio di foglioline di menta.

20 MINUTI
40 MINUTI
FACILE

PRIMAVERA

TORTA ALLE PERE E CIOCCOLATO

· DOLCI ·

PER 8 PERSONE

2	PERE MATURE
200 G	FARINA 00 (PIÙ QUELLA PER LA TORTIERA)
50 G	CIOCCOLATO FONDENTE AL 70%
2	UOVA
50 G	OLIO DI SEMI (PIÙ QUELLO PER LA TORTIERA)
100 ML	BEVANDA VEGETALE A PIACERE
50 G	ZUCCHERO
4 G	LIEVITO ISTANTANEO PER DOLCI
1	PIZZICO DI SALE
Q.B.	AROMA ALLA VANIGLIA

Preriscaldate il forno a 160 °C. Ungete leggermente una tortiera di 20 cm di diametro con poco olio e cospargetela uniformemente con la farina.

Sbucciate e tagliate a metà le pere, rimuovete il torsolo e tagliatele a cubetti.

In una ciotola capiente, battete le uova con lo zucchero fino a ottenere un composto spumoso. Aggiungete l'olio di semi, la bevanda vegetale e l'aroma alla vaniglia. Mescolate bene per amalgamare il tutto.

In un'altra ciotola, mescolate la farina con il lievito e il sale. Aggiungete gradualmente gli ingredienti secchi al composto liquido preparato in precedenza, mescolando delicatamente fino a ottenere un impasto liscio.

Tritate il cioccolato fondente e incorporatelo all'impasto insieme ai cubetti di pera, poi versate l'impasto nella tortiera e livellate la superficie. Cuocete la torta nel forno caldo per 35-40 minuti, o finché uno stuzzicadenti inserito al centro non ne esca pulito o leggermente umido.

Lasciate raffreddare la torta nella teglia per 10 minuti, poi trasferitela su una griglia per farla raffreddare completamente. Dividetela in 8 fette e servitela, a piacere, con una tazza di latte caldo.

ESTATE

COLAZIONE

PRIMI

SECONDI

DOLCI

10 MINUTI

10 MINUTI

FACILE

ESTATE

CRÊPES AL CACAO E PESCHE

· COLAZIONE ·

PER 5 CRÊPES

70 G	FARINA 00
10 G	CACAO AMARO IN POLVERE
160 ML	LATTE DI MANDORLA (O LATTE VACCINO)
1	UOVO
1	PESCA
Q.B.	CREMA ALLE NOCCIOLE O MARMELLATA A PIACERE
Q.B.	OLIO DI SEMI

In una ciotola capiente, battete l'uovo con il latte fino a ottenere un composto omogeneo. Unite la farina e il cacao setacciati e amalgamate bene il tutto facendo attenzione a non lasciare grumi.

Scaldate una padella sul fuoco e ungetela con un filo di olio, eliminando quello in eccesso con un foglio di carta assorbente.

Versate nella padella un mestolo del composto preparato e distribuitelo uniformemente sul fondo, ruotando la padella. Aspettate che la crêpe si sia rappresa, poi giratela e cuocetela brevemente sull'altro lato. Ripetete l'operazione fino a esaurire il composto.

Farcite le crêpes ancora tiepide con la crema alle nocciole o la marmellata e chiudetele a triangolo. Servitele con la pesca tagliata a fettine.

15 MINUTI

10 MINUTI

MEDIA

PANCAKE SALATO RIPIENO DI MOZZARELLA E POMODORO

ESTATE

· COLAZIONE ·

PER 1 PERSONA

40 G	FARINA DI AVENA
40 G	YOGURT GRECO
1	CUCCHIAINO DI LIEVITO ISTANTANEO
1	UOVO
20 ML	LATTE
30 G	MOZZARELLA LIGHT
30 G	PASSATA DI POMODORO
Q.B.	OLIO EXTRAVERGINE DI OLIVA
Q.B.	BASILICO
Q.B.	SALE
Q.B.	PEPE

Tagliate la mozzarella a fiammiferi e ponetela a scolare in un colino a maglie fini.

Mescolate in una ciotola la farina di avena con lo yogurt greco, il lievito, l'uovo e il latte, fino a ottenere un composto omogeneo.

Scaldate una padella leggermente unta con l'olio e versatevi metà del composto preparato. Coprite con un coperchio e cuocete il pancake per circa 30 secondi.

Togliete il coperchio e distribuite sul pancake la mozzarella e la passata di pomodoro leggermente condita con sale, pepe e qualche fogliolina di basilico. Versatevi sopra il composto rimasto, poi coprite la padella con il coperchio e cuocete per altri 4 minuti a fuoco molto basso. Capovolgete il pancake e cuocetelo per qualche minuto anche sull'altro lato.

Consiglio > Potete sostituire la farina di avena con qualsiasi altra farina a piacere, i valori nutrizionali non cambieranno molto.

10 MINUTI
10 MINUTI
FACILE

TOAST INTEGRALE CON RICOTTA E FRUTTA DI STAGIONE

ESTATE

· COLAZIONE ·

PER 1 PERSONA

2	FETTE DI PANE INTEGRALE
30 G	RICOTTA
100 G	FRUTTA DI STAGIONE A PIACERE
15 G	MIELE
Q.B.	PEPE

Tostate le fette di pane su entrambi i lati, utilizzando una tostiera oppure una padella antiaderente molto calda.

Se necessario, sbucciate e tagliate a fette la frutta scelta (avete numerose opzioni, come albicocche, pesche, anguria, melone, fragole, mirtilli, lamponi, fichi, ciliegie, susine, uva, pere estive, ribes, more).

Fate cuocere per qualche minuto la frutta in una padella coperta con un coperchio in modo da ottenere una sorta di marmellata grezza. Mettete la ricotta in una ciotola e conditela con un pizzico di pepe e il miele.

Componete il toast spalmando la ricotta sulle fette di pane e distribuendo sopra la marmellata di frutta. Questa ricetta, nonostante la sua semplicità, vi saprà sorprendere.

15 MINUTI

15 MINUTI

FACILE

ESTATE

FUSILLI AL PESTO LIGHT E GAMBERI

· PRIMI ·

PER 1 PERSONA

90 G	FUSILLI
80 G	BASILICO
10 G	PARMIGIANO GRATTUGIATO
1	CUCCHIAIO DI OLIO EXTRAVERGINE DI OLIVA
100 G	GAMBERI
10 ML	VINO BIANCO

Sbollentate molto velocemente il basilico, poi scolatelo (tenendo da parte l'acqua di cottura) e trasferitelo in una ciotola con acqua e ghiaccio per mantenere vivo il colore. Sgocciolatelo bene, poi frullatelo con il parmigiano, l'olio e un paio di cubetti di ghiaccio.

Cuocete la pasta nell'acqua in cui avete sbollentato il basilico.

Nel frattempo, sgusciate i gamberi e scottateli in una padella ben calda. Sfumate con il vino bianco e, non appena la parte alcolica sarà evaporata, spegnete il fuoco e togliete i gamberi dalla padella.

Scolate la pasta molto al dente, tenendo da parte un po' di acqua di cottura, e trasferitela nella padella in cui avete cotto i gamberi. Aggiungete l'acqua tenuta da parte e completate la cottura della pasta.

A fuoco spento, aggiungete il pesto, mescolate per amalgamare bene il tutto, poi unite anche i gamberi. Impiattate e servite subito.

15 MINUTI

30 MINUTI

FACILE

ESTATE

INSALATA DI FARRO E VERDURE ARROSTO

· PRIMI ·

PER 1 PERSONA

80 G	FARRO
1	PEPERONE GIALLO
1	ZUCCHINA
1	CIPOLLA ROSSA
1	MELANZANA
4	POMODORINI
1	CUCCHIAIO DI OLIO EXTRAVERGINE DI OLIVA
Q.B.	SALE
Q.B.	PEPE

Mondate e tagliate il peperone, la zucchina, la cipolla e la melanzana a cubetti (più saranno piccoli, più i sapori si amalgameranno tra loro).

Riunite tutti i cubetti di verdure in una ciotola e conditeli con l'olio e un pizzico di sale e di pepe, poi versateli in una teglia rivestita con un foglio di carta da forno e distribuiteli in uno strato uniforme. Arrostiteli nel forno caldo a 200 °C per circa 25-30 minuti.

Nel frattempo, cuocete il farro seguendo le istruzioni riportate sulla confezione, che varieranno a seconda della tipologia che sceglierete (decorticato o no). Una volta cotto, scolatelo e lasciatelo raffreddare completamente.

Riunite il farro e le verdure in una ciotola, aggiungete i pomodorini lavati e tagliati a metà, mescolate bene per amalgamare il tutto e aggiustate di sale.

Consiglio > Questo è un piatto molto saziante e che si può preparare in quantità più abbondanti per essere consumato anche nei giorni successivi.

10 MINUTI
30 MINUTI
FACILE

ESTATE

PARMIGIANA DI MELANZANE

· PRIMI ·

PER 1 PERSONA

1	MELANZANA
100 G	PASSATA DI POMODORO
30 G	MOZZARELLA FIOR DI LATTE
20 G	PARMIGIANO GRATTUGIATO
Q.B.	SALE
Q.B.	BASILICO

Tagliate la melanzana a fette di circa ½ cm e cuocetele su una griglia ben calda senza aggiungere grassi.

Condite la passata di pomodoro con un pizzico di sale e qualche fogliolina di basilico. Tagliate la mozzarella a cubetti.

In una pirofila monoporzione, componete la parmigiana: distribuite sul fondo della pirofila un cucchiaio di passata di pomodoro, proseguite con uno strato di fette di melanzana, un altro strato di passata di pomodoro, uno di mozzarella e così via, fino a esaurire gli ingredienti.

Spolverate la superficie con il parmigiano grattugiato e cuocete nel forno caldo a 180 °C per 20 minuti circa, facendo attenzione che il parmigiano in superficie non si bruci.

10 MINUTI

15 MINUTI

FACILE

PASTA DI LENTICCHIE ROSSE CON PESTO DI SPINACI E RICOTTA

ESTATE

• PRIMI •

PER 1 PERSONA

90 G	PASTA DI LENTICCHIE ROSSE
100 G	SPINACINI FRESCHI
50 G	RICOTTA PROTEICA
1	CUCCHIAIO DI OLIO EXTRAVERGINE DI OLIVA
5	NOCI
1	SPICCHIO DI AGLIO
Q.B.	SALE
Q.B.	PEPE

Private lo spicchio di aglio dell'anima interna (questa operazione lo renderà molto più digeribile).

Frullate l'aglio con gli spinacini, la ricotta e le noci, fino a ottenere un pesto omogeneo. Aggiustate alla fine di sale e di pepe.

Cuocete la pasta di lenticchie rosse in acqua bollente poco salata. Scolatela tenendo da parte un po' di acqua di cottura e trasferitela in una ciotola capiente. Unite il pesto di spinaci e ricotta, mescolate e aggiungete l'acqua di cottura tenuta da parte, poca per volta, fino a ottenere una consistenza cremosa e avvolgente.

Aggiungete alla fine anche l'olio, mescolate bene e servite la pasta ancora tiepida.

10 MINUTI

20 MINUTI

FACILE

SPAGHETTI ALL'AMATRICIANA DI MARE

PER 2 PERSONE

200 G	SPAGHETTI
100 G	TONNO FRESCO
200 G	POMODORINI GIALLI
20 G	PECORINO GRATTUGIATO
1	CUCCHIAIO DI OLIO EXTRAVERGINE DI OLIVA
1	PICCOLO PEPERONCINO
Q.B.	SALE
Q.B.	PEPE

Lavate e tagliate in 4 parti i pomodorini, poi fateli rosolare per qualche minuto in una padella con l'olio e il peperoncino. Aggiungete circa 100 ml di acqua, un pizzico di sale e abbondante pepe e lasciate appassire i pomodorini a fuoco lento, coprendo la padella con un coperchio.

Cuocete gli spaghetti in acqua bollente salata, scolateli quando sono ancora al dente, tenendo da parte un po' di acqua di cottura, e versateli all'interno della padella con il sugo di pomodorini gialli. Completate la cottura della pasta aggiungendo, se necessario, l'acqua tenuta da parte.

A fuoco spento, aggiungete il tonno fresco tagliato a cubetti e il pecorino grattugiato e mescolate bene per amalgamare il tutto. La vostra amatriciana di mare è pronta per essere servita.

15 MINUTI

1 ORA

25 MINUTI

MEDIA

ESTATE

SPAGHETTONI ALLE VONGOLE PER MANTENERE LA LINEA

· PRIMI ·

PER 1 PERSONA

200 G	VONGOLE VERACI CON IL GUSCIO
100 G	SPAGHETTONI
10 G	OLIO EXTRAVERGINE DI OLIVA
15 ML	VINO BIANCO
1	SPICCHIO DI AGLIO
1	LIMONE (FACOLTATIVO)
Q.B.	PREZZEMOLO
Q.B.	SALE GROSSO
Q.B.	PEPE

Fate spurgare le vongole mettendole in una ciotola di acqua fredda con del sale grosso per almeno un'ora, poi scolatele ed eliminate eventuali residui di alghe.

Scaldate l'olio in una padella con l'aglio e il prezzemolo, aggiungete le vongole e, dopo qualche istante, sfumate con il vino bianco. Aspettate che l'alcol evapori, poi aggiungete un goccio d'acqua e coprite con un coperchio.

Cuocete la pasta in acqua bollente salata. Quando le vongole si saranno aperte, toglietele dalla padella (conservando l'acqua che avranno rilasciato) e sgusciatele quasi tutte.

Scolate la pasta a metà cottura e versatela nella padella con l'acqua delle vongole. Portate a cottura la pasta, facendo attenzione che l'acqua delle vongole venga assorbita quasi completamente.

Spegnete il fuoco, aggiungete un po' di prezzemolo tritato, un pizzico di pepe, una grattugiata di scorza di limone (a piacere) e le vongole. Mescolate bene il tutto e servite.

Consiglio > Alcuni piatti della tradizione italiana possono essere perfettamente abbinati a uno stile di vita sano, semplicemente facendo attenzione alle quantità di condimento, e più nello specifico all'olio utilizzato nella ricetta. Le vongole, come tutti i molluschi, sono un'ottima fonte di proteine da includere nella propria alimentazione.

20 MINUTI
25 MINUTI
FACILE

INSALATA DI PATATE, FAGIOLINI, UOVA SODE E TONNO

ESTATE

· SECONDI ·

PER 1 PERSONA

200 G	PATATE
200 G	FAGIOLINI
50 G	TONNO AL NATURALE SGOCCIOLATO
1	UOVO
1	CUCCHIAIO DI OLIO EXTRAVERGINE DI OLIVA
Q.B.	PREZZEMOLO TRITATO
Q.B.	SALE
Q.B.	PEPE

Immergete l'uovo in un pentolino con acqua quasi a ebollizione e, una volta raggiunto il bollore, calcolate 10 minuti di cottura, poi scolate l'uovo, raffreddatelo sotto l'acqua corrente e sgusciatelo.

Pelate e tagliate a cubi di circa 2 cm di lato le patate, immergetele in una pentola di acqua fredda e portate a ebollizione. Controllate la cottura con una forchetta (saranno pronte quando i rebbi entreranno facilmente nella patata), scolatele e lasciatele raffreddare senza muoverle eccessivamente, per non rischiare di romperle.

Sbollentate i fagiolini in abbondante acqua salata per 6-7 minuti, poi scolateli e trasferiteli in una ciotola capiente con le patate, aggiungendo il tonno sgocciolato, l'olio e il prezzemolo tritato.

Aggiustate di sale e di pepe e trasferite l'insalata in un piatto. Tagliate l'uovo sodo a metà e sistematelo sopra l'insalata prima di servirla.

Consiglio > Questa insalata può essere preparata in anticipo e portata al lavoro o in spiaggia, da mangiare fredda. In frigorifero si conserverà per 2-3 giorni.

10 MINUTI
10 MINUTI
FACILE

ESTATE

BOCCONCINI DI POLLO AL COCCO E CURRY

• SECONDI •

PER 1 PERSONA

120 G	PETTO DI POLLO
10 G	FARINA 00
70 ML	LATTE DI COCCO
100 ML	ACQUA
Q.B.	OLIO EXTRAVERGINE DI OLIVA
Q.B.	CURRY IN POLVERE
Q.B.	SALE
Q.B.	PEPE

Tagliate il petto di pollo a cubetti e passateli nella farina, eliminando quella in eccesso.

Ungete leggermente una padella, strofinandola con un foglio di carta assorbente impregnato con qualche goccia di olio, poi fatevi rosolare i bocconcini di pollo.

Quando saranno dorati su tutti i lati, toglieteli dalla padella e teneteli da parte.

Nella stessa padella usata per il pollo, versate il latte di cocco, l'acqua e un cucchiaino raso di curry (regolate la quantità in base al vostro gusto).

Lasciate sobbollire la salsa che si sarà formata e, appena inizierà ad addensarsi, aggiungete i bocconcini di pollo tenuti da parte.

Aggiustate di sale e di pepe e completate la cottura del pollo (serviranno circa 2 minuti). Impiattate i bocconcini di pollo al cocco e curry e serviteli ben caldi, accompagnandoli, a piacere, con del riso bianco.

Consiglio > Il riso Basmati si sposa perfettamente con questa ricetta perché è una varietà di riso molto aromatica e profumata, che esalta il sapore del curry.

10 MINUTI
15 MINUTI
FACILE

FILETTI DI MERLUZZO CON POMODORINI

ESTATE

· SECONDI ·

PER 1 PERSONA

2	FILETTI DI MERLUZZO
100 G	POMODORINI
2	CUCCHIAI DI PASSATA DI POMODORO
10 G	CAPPERI DISSALATI
1	RAMETTO DI PREZZEMOLO
1	SPICCHIO DI AGLIO
Q.B.	OLIO EXTRAVERGINE DI OLIVA
Q.B.	SALE

Scaldate un cucchiaio di olio in una padella con l'aglio e il prezzemolo. Una volta che l'aglio si sarà imbiondito, unite i filetti di merluzzo e rosolateli bene su entrambi i lati.

Aggiungete i pomodorini lavati e tagliati a metà, fateli appassire per qualche minuto, poi unite i capperi e la passata di pomodoro.

Abbassate la fiamma al minimo, coprite la padella con un coperchio e cuocete il tutto per 10 minuti. Aggiustate di sale e servite ben caldo.

10 MINUTI
10 MINUTI
FACILE

FRITTATA CON SPINACI, POMODORINI E FETA

ESTATE

· SECONDI ·

PER 1 PERSONA

3	UOVA
100 G	SPINACINI FRESCHI
10	POMODORINI
50 G	FETA GRECA
1	LIMONE
Q.B.	OLIO EXTRAVERGINE DI OLIVA
Q.B.	SALE
Q.B.	PEPE

Lavate gli spinacini, tenetene da parte qualche foglia e sbollentate i restanti in acqua leggermente salata, poi scolateli e raffreddateli sotto l'acqua corrente. Strizzateli per bene e fateli sgocciolare per qualche minuto.

Sgusciate le uova in una ciotola e battetele con un pizzico di sale e di pepe. Incorporate nelle uova gli spinaci tritati, poi versate il composto in una padella calda leggermente unta con l'olio.

Coprite la padella con un coperchio e abbassate la fiamma al minimo. Lasciate cuocere per circa 3 minuti.

Nel frattempo, mescolate in una ciotola i pomodorini tagliati a spicchi, la feta tagliata a cubetti, gli spinacini tenuti da parte, un pizzico di pepe e la scorza del limone grattugiata.

Con l'aiuto di un piatto, capovolgete la frittata e completate la cottura anche sull'altro lato. Trasferitela in un piatto e servitela con l'insalata di pomodorini e feta.

20 MINUTI

15 MINUTI

FACILE

ESTATE

PANZANELLA CON POLLO GRIGLIATO

• SECONDI •

PER 4 PERSONE

400 G	PETTO DI POLLO
300 G	PANE RAFFERMO
10	POMODORINI
1	CETRIOLO
¼	CIPOLLA ROSSA
10	OLIVE NERE
3	CUCCHIAI DI ACETO DI VINO BIANCO
3	CUCCHIAI DI OLIO EXTRAVERGINE DI OLIVA
Q.B.	BASILICO
Q.B.	SALE
Q.B.	PEPE

Tagliate a cubetti il petto di pollo e conditelo con un cucchiaio di olio e un pizzico di sale e di pepe. Scaldate bene una griglia e cuocetevi il pollo.

Tagliate il pane a cubetti e tostatelo leggermente in una padella ben calda. Tagliate a fettine dello stesso spessore i pomodori, il cetriolo e la cipolla. Dividete a metà le olive. Mescolate tutti gli ingredienti in una ciotola, aggiungendo anche l'olio rimasto e l'aceto.

Lasciate riposare la panzanella in modo che i pomodori rilascino il loro liquido e che il pane si ammorbidisca. Prima di servirla, conditela con un pizzico di sale e di pepe e il basilico tritato.

Consiglio > La panzanella è un piatto molto saziante. L'aggiunta del pollo la arricchisce di una parte proteica normalmente assente in una classica panzanella.

20 MINUTI | 30 MINUTI | MEDIA

POLPETTE DI ORATA IN SALSA DI YOGURT E ANETO

ESTATE

· SECONDI ·

PER 2 PERSONE

Per le polpette

1	ORATA GIÀ EVISCERATA
350 G	PATATE
1	LIMONE
2	SPICCHI DI AGLIO
Q.B.	SALE GROSSO
Q.B.	PREZZEMOLO
Q.B.	PANGRATTATO

Per la salsa

100 G	YOGURT GRECO 0% DI GRASSI
Q.B.	ANETO
Q.B.	SALE
Q.B.	PEPE

Per le polpette

Sciacquate l'orata e ponete all'interno della pancia 2 fette di limone, un rametto di prezzemolo, l'aglio e un pizzico di sale grosso. Spargete del sale grosso anche sul corpo del pesce e avvolgetelo prima con un foglio di carta da forno e poi con un foglio di alluminio.

Cuocete l'orata nel forno caldo a 180 °C, in modalità ventilata, per 20 minuti. Nel frattempo, lessate le patate con la buccia, poi scolatele, sbucciatele e schiacciatele.

Quando il pesce sarà cotto, sfornatelo, sfilettatelo e mescolate la carne ricavata con le patate schiacciate e un po' di prezzemolo tritato. L'impasto dovrà risultare omogeneo.

Formate delle palline di impasto di circa 25-30 g l'una e passatele nel pangrattato, ricoprendole uniformemente. Adagiate le polpette in una teglia rivestita con un foglio di carta da forno e cuocetele nel forno caldo a 180 °C per 10 minuti.

Per la salsa

Mescolate lo yogurt con l'aneto tritato finemente e un pizzico di sale e di pepe. Una volta che le polpette saranno pronte, servitele con la salsa di yogurt e aneto.

20 MINUTI
20-30 MINUTI
MEDIA

ESTATE

SALMONE AL CARTOCCIO, PATATE AL LIMONE E VERDURE

· SECONDI ·

PER 2 PERSONE

300 G	SALMONE FRESCO
500 G	PATATE
1	CAROTA
1	CIPOLLA ROSSA
1	PEPERONE
1	CETRIOLO
1	GAMBO DI SEDANO
1	CUCCHIAIO DI OLIO EXTRAVERGINE DI OLIVA
1	LIMONE
Q.B.	PREZZEMOLO TRITATO
Q.B.	SALE
Q.B.	PEPE

Stendete sul piano di lavoro un foglio di carta da forno e disponete al centro uno strato di cipolla rossa tagliata a fette sottili, adagiatevi sopra il salmone, conditelo con un pizzico di sale e di pepe e completate con una fetta di limone.

Chiudete il cartoccio avvolgendolo nella carta da forno, poi sigillatelo chiudendolo all'interno di un foglio di alluminio. Cuocete il salmone nel forno caldo a 180 °C per circa 20 minuti.

Nel frattempo, cuocete le patate con la buccia nel microonde per circa 10 minuti al massimo della potenza, poi sbucciatele, schiacciatele e conditele con la scorza del limone grattugiata, il prezzemolo tritato e un pizzico di sale e di pepe.

Mondate e tagliate a julienne il sedano, la carota, il peperone e il cetriolo (tagliate prima gli ortaggi per il lungo, ricavando delle fette sottili, poi riducetele a fiammiferi).

Mescolate tutte le verdure in una ciotola e conditele con il succo del limone, l'olio e un pizzico di sale e di pepe.

Trascorso il tempo di cottura indicato, aprite il cartoccio e proseguite la cottura del salmone in forno per altri 5 minuti. Una volta cotto, sfornatelo e servitelo con le patate al limone e l'insalata di verdure croccanti.

30 MINUTI

30 MINUTI

6 MINUTI

FACILE

ESTATE

SPIEDINI DI GAMBERI E ANANAS

• SECONDI •

PER 2 PERSONE

500 G	GAMBERI SGUSCIATI
1	ANANAS
2	CUCCHIAI DI OLIO EXTRAVERGINE DI OLIVA
1	LIME
1	CUCCHIAINO DI PAPRIKA DOLCE
Q.B.	SALE
Q.B.	PEPE

Mettete i gamberi in una ciotola con l'olio, il succo del lime, la paprika e un pizzico di sale e di pepe. Lasciateli marinare per circa 30 minuti.

Mondate e tagliate a cubetti l'ananas. Sgocciolate i gamberi dalla marinatura (tenendola da parte) e componete gli spiedini, alternando i gamberi e i cubetti di ananas.

Scaldate bene una padella e cuocetevi gli spiedini facendoli dorare bene su entrambi i lati (circa 2-3 minuti per lato). Una volta rosolati, sfumate con metà della marinatura e lasciate che evapori quasi del tutto.

Servite gli spiedini ben caldi, in modo che i gamberi conservino tutto il sapore della marinatura.

10 MINUTI
2 ORE
FACILE

ESTATE

GELATO FIT CON BISCOTTO E CIOCCOLATO

· DOLCI ·

PER 5 PERSONE

10	BISCOTTI AI CEREALI SENZA ZUCCHERI AGGIUNTI
200 G	YOGURT GRECO
150 G	FORMAGGIO SPALMABILE PROTEICO (OPPURE LIGHT)
20	GOCCE DI DOLCIFICANTE 0 CALORIE (ERITRITOLO)
50 G	CIOCCOLATO FONDENTE O GOCCE DI CIOCCOLATO

In una ciotola, mescolate lo yogurt con il formaggio spalmabile e il dolcificante, poi trasferite il composto ottenuto in congelatore per circa 10 minuti, in modo che si addensi.

Nel frattempo, tagliate il cioccolato fondente a pezzi grossolani, senza sbriciolarlo troppo.

Una volta che il composto si sarà addensato, iniziate a comporre i gelati: distribuite su un biscotto una generosa dose di crema e copritela con un altro biscotto. Realizzate questo passaggio il più velocemente possibile e ripetetelo fino a farcire tutti i biscotti.

Una volta preparati i gelati, fate aderire alla superficie della crema i pezzetti di cioccolato preparati in precedenza. Poneteli in congelatore a raffreddare per almeno 2 ore, avendo l'accortezza di tenerli per un paio di minuti a temperatura ambiente prima di servirli.

15 MINUTI
30 MINUTI
FACILE

ESTATE

MUFFIN DI CAROTE

· DOLCI ·

PER 10 MUFFIN

2	CAROTE DI MEDIA GRANDEZZA
150 G	FARINA 00
100 G	FARINA DI MANDORLE
120 G	DOLCIFICANTE 0 CALORIE (ERITRITOLO O STEVIA)
120 G	YOGURT GRECO
2	UOVA
110 ML	OLIO DI SEMI
1	CUCCHIAINO DI LIEVITO ISTANTANEO PER DOLCI
120 G	UVETTA (FACOLTATIVA)
1	CUCCHIAINO DI CANNELLA IN POLVERE
1	PIZZICO DI SALE
Q.B.	OLIO DI SEMI

Preriscaldate il forno a 180 °C. In una ciotola, mescolate le farine setacciate con il lievito, la cannella e un pizzico di sale.

In un'altra ciotola, battete le uova con il dolcificante e, quando saranno chiare e spumose, aggiungete lo yogurt greco e l'olio di semi. Mescolate fino a ottenere un composto omogeneo.

Sbucciate e grattugiate le carote e unitele al composto liquido (se avete scelto di usare anche l'uvetta, aggiungetela insieme alle carote). Unite il composto liquido agli ingredienti secchi e amalgamate bene il tutto.

Ungete 10 pirottini per muffin con poco olio e riempiteli per ⅔ con l'impasto ottenuto.

Cuocete i muffin nel forno caldo per 20-25 minuti (dopo 20 minuti, controllate la cottura con uno stuzzicadenti per verificare se l'interno dei muffin è ancora umido).

Una volta cotti, sfornateli e lasciateli raffreddare completamente prima di sformarli.

20 MINUTI
45 MINUTI
FACILE

ESTATE

TORTA DI FINE ESTATE

· DOLCI ·

PER 12 PERSONE

200 G	FARINA 0
100 G	FARINA DI NOCCIOLE
2	UOVA
100 G	ZUCCHERO SEMOLATO
30 G	ERITRITOLO (O ALTRO DOLCIFICANTE 0 CALORIE)
100 ML	BEVANDA VEGETALE NON ZUCCHERATA A PIACERE
½	BUSTINA DI LIEVITO ISTANTANEO PER DOLCI
7	FICHI
30 G	GRANELLA DI NOCCIOLE
Q.B.	ZUCCHERO A VELO

Preriscaldate il forno a 180 °C. In una ciotola, battete le uova con lo zucchero semolato e il dolcificante fino a ottenere un composto chiaro e spumoso.

Aggiungete la bevanda vegetale e la farina di nocciole e, quando saranno ben amalgamati, unite a poco a poco la farina 0 e il lievito setacciati.

Pelate e tagliate i fichi in pezzi piccoli e aggiungeteli all'impasto insieme alla granella di nocciole. Amalgamate bene il tutto e versate il composto in una tortiera a cerniera di 20 cm di diametro rivestita con un foglio di carta da forno.

Cuocete la torta nel forno caldo per circa 45 minuti. Verificate la cottura con uno stuzzicadenti e, quando la torta sarà cotta, sfornatela e lasciatela raffreddare prima di cospargerla con lo zucchero a velo.

AUTUNNO

COLAZIONE

PRIMI

SECONDI

DOLCI

10 MINUTI
10 MINUTI
FACILE

AUTUNNO

PANCAKE DI CASTAGNE E MELA

· COLAZIONE ·

PER 1 PERSONA

80 G	FARINA DI CASTAGNE
100 G	MELA
1	UOVO
100 ML	BEVANDA VEGETALE A PIACERE
1	CUCCHIAINO DI LIEVITO ISTANTANEO PER DOLCI
1	CUCCHIAIO DI STEVIA
Q.B.	BURRO
Q.B.	ZUCCHERO A VELO

Mescolate in una ciotola la farina di castagne con l'uovo, il lievito, la bevanda vegetale e la stevia fino a ottenere un composto denso e liscio.

Pelate la mela e tagliatela a cubetti piccoli, poi mescolatela al composto ottenuto.

Scaldate una padella e ungetela leggermente con il burro (ne basteranno circa 2 g). Quando la padella sarà ben calda, versatevi il composto, poi abbassate la fiamma al minimo e coprite con un coperchio.

Cuocete il pancake per 2-3 minuti, poi giratelo e completate la cottura sull'altro lato per 3 minuti circa.

Servite il pancake spolverato con lo zucchero a velo e accompagnatelo, a piacere, con del miele oppure dello sciroppo d'acero.

5 MINUTI

10 MINUTI

FACILE

PORRIDGE DI AVENA E ZUCCA

AUTUNNO

· COLAZIONE ·

PER 1 PERSONA

40 G	FIOCCHI DI AVENA
80 G	ZUCCA
100 ML	LATTE DI MANDORLA
4-5	NOCI PECAN
10 ML	SCIROPPO D'ACERO
1	CUCCHIAIO DI STEVIA
Q.B.	CANNELLA IN POLVERE

Scaldate il latte di mandorla in un pentolino aggiungendo anche 100 ml di acqua.

Mondate e tagliate a cubetti la zucca e cuocetela nel latte di mandorla bollente fino a quando la polpa sarà morbida e si romperà sotto la pressione leggera di un cucchiaio.

Aggiungete nel pentolino i fiocchi di avena, la cannella e la stevia e proseguite la cottura fino a ottenere un composto di consistenza vellutata.

Versate il porridge in una ciotola e guarnitelo con le noci pecan tritate e lo sciroppo d'acero.

5 MINUTI
FACILE

AUTUNNO

SMOOTHIE AUTUNNALE PROTEICO

• COLAZIONE •

PER 1 PERSONA

150 G	YOGURT GRECO 0% DI GRASSI
1	PERA
1	CUCCHIAINO DI BURRO DI ARACHIDI
1	CUCCHIAINO DI CANNELLA IN POLVERE
¼	CUCCHIAINO DI NOCE MOSCATA
5	GOCCE DI DOLCIFICANTE 0 CALORIE (STEVIA O ERITRITOLO)
100 ML	BEVANDA VEGETALE A PIACERE

Sbucciate la pera ed eliminate il torsolo centrale, poi tagliatela a pezzi, mettetela nel bicchiere del mixer insieme a tutti gli altri ingredienti e frullate fino a ottenere un composto liscio e omogeneo.

Consiglio > Potete gustare lo smoothie così com'è oppure utilizzarlo al posto del latte o arricchirlo con dei topping (come cereali, frutta fresca, noci pecan o altra frutta secca). L'apporto calorico della preparazione sarà più elevato, ma fornirà anche una buona quantità di proteine.

10 MINUTI

30 MINUTI

FACILE

FETTUCCINE AI FUNGHI E SALSICCIA DI POLLO

AUTUNNO

· PRIMI ·

PER 2 PERSONE

250 G	FETTUCCINE ALL'UOVO
180 G	FUNGHI (DELLA VARIETÀ CHE PREFERITE)
150 G	SALSICCIA DI POLLO
1	COSTA DI SEDANO
1	CAROTA
1	CIPOLLA
1	SPICCHIO DI AGLIO
1	RAMETTO DI TIMO
Q.B.	PREZZEMOLO TRITATO
Q.B.	OLIO EXTRAVERGINE DI OLIVA
Q.B.	PARMIGIANO GRATTUGIATO (FACOLTATIVO)
Q.B.	SALE

Lavate e tagliate a pezzettoni la carota, il sedano e la cipolla. Riunite tutte le verdure in una pentola, coprite con 500 ml di acqua fredda e preparate un brodo.

Scaldate un cucchiaio di olio in una padella e rosolatevi l'aglio con il timo e i funghi mondati e tagliati a fettine sottili. Aggiungete il brodo filtrato e cuocete i funghi per circa 15 minuti.

Eliminate il timo e l'aglio e frullate il tutto, poi versate la crema ottenuta nella padella e fatela addensare a fuoco vivace.

Cuocete le fettuccine in acqua bollente leggermente salata. Nel frattempo, eliminate il budello della salsiccia, tagliatela a pezzetti e fatela rosolare in un'altra padella.

Scolate la pasta e saltatela nella padella con la salsiccia, poi aggiungete la crema di funghi e amalgamate bene il tutto. Distribuite le fettuccine nei piatti, cospargetele con poco prezzemolo tritato e servitele, a piacere, con una spolverata di parmigiano grattugiato.

15 MINUTI

15 MINUTI

FACILE

AUTUNNO

FUSILLI CON PESTO DI CAVOLO NERO

• PRIMI •

PER 2 PERSONE

200 G	FUSILLI
200 G	CAVOLO NERO
1	CUCCHIAIO DI OLIO EXTRAVERGINE DI OLIVA
1	CUCCHIAIO DI PARMIGIANO GRATTUGIATO
10	MANDORLE SGUSCIATE
Q.B.	SALE
Q.B.	PEPE

Mondate e lavate le foglie di cavolo nero e sbollentatele in acqua leggermente salata per circa 5 minuti. Scolatele e sgocciolatele bene, tenendo da parte poca acqua di cottura.

Riunite in un frullatore il cavolo nero, l'olio, il parmigiano, le mandorle, un pizzico di sale e di pepe e frullate fino a ottenere una crema densa. Se necessario, aggiungete poca per volta l'acqua di cottura del cavolo nero tenuta da parte, fino a ottenere la densità desiderata.

Cuocete i fusilli in abbondante acqua bollente salata, scolateli e mescolateli in una ciotola con il pesto di cavolo nero. Servite la pasta ben calda.

30 MINUTI
20 MINUTI
MEDIA

AUTUNNO

GNOCCHI DI PATATE DOLCI

· PRIMI ·

PER 4 PERSONE

650 G	PATATE DOLCI
180 G	FARINA 00
Q.B.	SALE GROSSO
Q.B.	SALSA AI FUNGHI O ALTRO CONDIMENTO A PIACERE

Preriscaldate il forno a 160 °C. Riempite la base di una teglia con uno strato uniforme di sale grosso e disponetevi sopra le patate, una accanto all'altra.

Cuocete le patate nel forno caldo per 30 minuti e controllate la cottura infilzandole con la punta di un coltello.

Una volta cotte, sbucciate le patate, schiacciatele e raccogliete la purea ottenuta in una ciotola. Incorporate un po' alla volta la farina, fino a ottenere un impasto omogeneo (la quantità di farina necessaria potrebbe variare di poco, se ce ne fosse bisogno, aggiungetene altra).

Coprite l'impasto con un canovaccio pulito, poi prelevatene un pezzetto alla volta e formate dei salsicciotti di circa 1 cm di diametro. Tagliateli in piccoli pezzi formando così gli gnocchi (potete anche creare la classica rigatura, premendoli leggermente con i rebbi di una forchetta).

Cuocete gli gnocchi in abbondante acqua bollente salata e aspettate che vengano a galla prima di prelevarli con un mestolo forato. Sgocciolateli bene e trasferiteli in una ciotola. Potete servirli con un condimento molto saporito, come per esempio una salsa ai funghi. Il gusto verrà esaltato grazie al contrasto tra la dolcezza delle patate e la sapidità della salsa.

30 MINUTI
50 MINUTI
FACILE

LASAGNE DI ZUCCA E SPINACI

PER 4 PERSONE

Per la besciamella light

300 ML	LATTE SCREMATO
1	CUCCHIAIO DI FECOLA DI PATATE
Q.B.	NOCE MOSCATA
Q.B.	SALE
Q.B.	PEPE

Per le lasagne

250 G	SFOGLIA PER LASAGNE
400 G	ZUCCA
300 G	SPINACI
200 G	RICOTTA LIGHT
2	CUCCHIAI DI PARMIGIANO GRATTUGIATO
Q.B.	OLIO EXTRAVERGINE DI OLIVA
Q.B.	SALVIA
Q.B.	ROSMARINO
Q.B.	SALE
Q.B.	PEPE

Preriscaldate il forno a 180 °C. Mondate la zucca, tagliatela a fette non troppo spesse, sistematele in una teglia rivestita con un foglio di carta da forno, cospargetele con il sale, il pepe, la salvia e il rosmarino e cuocetele nel forno caldo per 25 minuti.

Una volta cotta, frullate la zucca con la ricotta light e un filo di olio (se ce ne fosse bisogno, aggiungete un altro pizzico di sale) fino a ottenere una crema omogenea.

Mondate e lavate gli spinaci e cuoceteli in una padella antiaderente con poca acqua, finché saranno morbidi. Scolateli e sgocciolateli bene.

Preparate la besciamella light: scaldate in un pentolino il latte con una grattugiata di noce moscata e un pizzico di sale e di pepe. Aggiungete la fecola di patate e, servendovi di una frusta, continuate a mescolare fino a ottenere una salsa densa.

Componete le lasagne: distribuite sul fondo di una teglia qualche cucchiaio di crema di zucca e ricotta, coprite con uno strato di pasta, poi proseguite con uno strato di crema di zucca, uno di besciamella e, infine, uno di spinaci.

Ripetete gli strati fino a esaurire la pasta e terminate con uno strato di spinaci, uno di besciamella e uno di crema di zucca. Spolverate la superficie delle lasagne con il parmigiano e cuocetele nel forno caldo a 180 °C per 30 minuti.

20 MINUTI
20 MINUTI
FACILE

POLENTA CON FUNGHI MISTI E TOFU

AUTUNNO

· PRIMI ·

PER 2 PERSONE

200 G	FARINA DI MAIS PER POLENTA ISTANTANEA
200 G	FUNGHI MISTI (USATE VARIETÀ DIVERSE DI FUNGHI PER OTTENERE PIÙ SFUMATURE DI SAPORE)
200 G	TOFU
2	CUCCHIAI DI OLIO EXTRAVERGINE DI OLIVA
½	CUCCHIAINO DI AGLIO IN POLVERE
50 ML	VINO BIANCO
Q.B.	TIMO
Q.B.	PREZZEMOLO TRITATO
Q.B.	SALE
Q.B.	PEPE

Preparate la polenta seguendo le indicazioni riportate sulla confezione e lasciandola leggermente morbida. Una volta pronta, tenetela da parte al caldo.

Tagliate il tofu a cubetti e mettetelo a marinare in una ciotola con un cucchiaio di olio, qualche fogliolina di timo, il prezzemolo tritato, l'aglio in polvere e un pizzico di sale e di pepe.

Nel frattempo, mondate i funghi e tagliateli a fettine. Saltateli in una padella con l'olio rimasto per 5 minuti, poi aggiungete il tofu con tutta la marinatura e fatelo rosolare bene.

Sfumate con il vino bianco, aspettate che la parte alcolica sia evaporata, poi versate il sugo di funghi e tofu sopra la polenta ancora calda e servite.

20 MINUTI

15 MINUTI

FACILE

RISOTTO CON RADICCHIO E SPECK

AUTUNNO

• PRIMI •

PER 1 PERSONA

80 G	RISO CARNAROLI
30 G	SPECK
100 G	RADICCHIO
1	CUCCHIAIO DI OLIO EXTRAVERGINE DI OLIVA
10 G	PARMIGIANO GRATTUGIATO
Q.B.	SALE
Q.B.	PEPE

Scaldate abbondante acqua in una pentola e, quando avrà raggiunto il bollore, abbassate la fiamma e mantenetela in leggera ebollizione.

Scaldate l'olio in un'altra pentola e rosolatevi lo speck tritato finemente. Quando sarà ben dorato, togliete lo speck dalla pentola (tenendolo da parte) e fatevi tostare il riso insieme al radicchio mondato, lavato e tagliato a listarelle sottili.

Aggiungete un mestolo di acqua bollente, coprendo completamente il riso, e portatelo a cottura mescolando in continuazione e aggiungendo via via altra acqua (serviranno circa 15 minuti).

Quando il riso sarà cotto, aggiungete lo speck croccante, spegnete il fuoco, regolate di sale e di pepe e, infine, aggiungete il parmigiano grattugiato per mantecare. Servite il risotto su un piatto piano.

20 MINUTI
12 ORE
40 MINUTI
FACILE

VELLUTATA DI ZUCCA CON CROSTINI DI PANE E FAGIOLI

AUTUNNO

· PRIMI ·

PER 2 PERSONE

Per la vellutata

400 G	ZUCCA
1	ARANCIA
1	LIMONE
1	RAMETTO DI TIMO
1	RAMETTO DI ROSMARINO
Q.B.	SALE
Q.B.	PEPE

Per i crostini di pane

200 G	PANE
1	CUCCHIAIO DI OLIO EXTRAVERGINE DI OLIVA
Q.B.	ORIGANO ESSICCATO

Per i fagioli

100 G	FAGIOLI BIANCHI DI SPAGNA SECCHI
Q.B.	SALE

Mettete in ammollo i fagioli per 12 ore, poi scolateli e cuoceteli in acqua leggermente salata. In alternativa, utilizzate i fagioli in scatola già lessati, pesandone circa 120 g dopo averli scolati dal liquido di conservazione e sciacquati.

Mondate la zucca e tagliatela a cubetti, poi cuocetela al cartoccio nel forno caldo a 180 °C per 30 minuti, inserendo nel cartoccio qualche pezzetto di scorza di limone e di arancia, il timo, il rosmarino e un pizzico di sale e di pepe.

Nel frattempo, preparate i crostini: tagliate il pane a cubetti di circa 1 cm di lato, conditeli con l'olio e l'origano e disponeteli su una teglia rivestita con un foglio di carta da forno, distribuendoli in maniera uniforme. Fate tostare il pane nel forno insieme alla zucca, fino a quando sarà croccante e dorato, poi toglietelo dal forno e lasciatelo raffreddare.

Quando la zucca sarà abbastanza morbida da rompersi sotto la pressione leggera di un cucchiaio, eliminate tutte le spezie e la scorza degli agrumi e frullatela fino a ottenere una vellutata liscia.

Distribuite la vellutata nei piatti fondi, aggiungete i fagioli e i crostini di pane e servite.

10 MINUTI
10 MINUTI
50 MINUTI
MEDIA

ARROSTO DI MAIALE CON SALSA ALLE MELE

AUTUNNO

· SECONDI ·

PER 4 PERSONE

600 G	LONZA DI MAIALE
1	CIPOLLA BIANCA
2	CAROTE
1	COSTA DI SEDANO
2	MELE GOLDEN
Q.B.	OLIO EXTRAVERGINE DI OLIVA
Q.B.	ROSMARINO
Q.B.	SALE
Q.B.	PEPE

Lavate e tagliate a pezzettoni le carote, il sedano e la cipolla. Riunite tutte le verdure in una pentola, coprite con abbondante acqua fredda e preparate un brodo.

Scaldate un filo di olio in una casseruola con un rametto di rosmarino e rosolatevi bene la carne su tutti i lati. Salate e pepate leggermente, poi, quando la carne sarà ben dorata, aggiungete le mele sbucciate e tagliate a cubetti.

Versate nella casseruola il brodo filtrato, coprendo la carne fino a metà altezza, e proseguite la cottura a fuoco basso per circa 40 minuti, coprendo la casseruola con un coperchio (se necessario, nel corso della cottura aggiungete altro brodo).

Una volta cotto, togliete l'arrosto di maiale dalla casseruola e frullate le mele insieme al fondo di cottura, regolando di sale e di pepe. Se la salsa risultasse troppo liquida, fatela ridurre a fuoco vivace, fino a ottenere la densità desiderata.

Fate riposare l'arrosto per 10 minuti prima di tagliarlo a fette e servirlo accompagnato dalla salsa alle mele.

20 MINUTI
40 MINUTI
FACILE

AUTUNNO

CHILI DI FAGIOLI ROSSI E ZUCCA

· SECONDI ·

PER 4 PERSONE

400 G	FAGIOLI ROSSI IN SCATOLA
400 G	ZUCCA
200 G	POMODORI PELATI
1	CUCCHIAIO DI OLIO EXTRAVERGINE DI OLIVA
1	CIPOLLA
1	PEPERONE ROSSO
1	PEPERONE GIALLO
1	CAROTA
1	CUCCHIAINO DI CONCENTRATO DI POMODORO
Q.B.	PEPERONCINO
Q.B.	PAPRIKA AFFUMICATA
Q.B.	ORIGANO
Q.B.	PREZZEMOLO TRITATO
Q.B.	SALE
Q.B.	PEPE

Mondate e tagliate a dadini la cipolla e soffriggetela a fiamma media in una casseruola con l'olio.

Mondate e tagliate a cubetti la carota, la zucca e i peperoni. Quando la cipolla sarà ben dorata, aggiungete tutte le verdure preparate nella casseruola.

Fate rosolare il tutto per qualche istante, poi aggiungete i pelati, il concentrato di pomodoro sciolto in poca acqua, i fagioli sgocciolati dal liquido di conservazione e sciacquati sotto l'acqua corrente, un pizzico di sale e di pepe e tutte le spezie.

Coprite a filo con l'acqua e cuocete a fuoco basso per circa 30 minuti, controllando di tanto in tanto la cottura. Quando tutte le verdure saranno morbide, togliete il chili di fagioli rossi e zucca dal fuoco e servitelo.

Consiglio > Se non amate il gusto piccante, potete omettere dalla preparazione il peperoncino.

30 MINUTI
30 MINUTI
25-30 MINUTI
MEDIA

AUTUNNO

CROSTATA SALATA CON RADICCHIO E FETA

· SECONDI ·

PER 4 PERSONE

Per la pasta

200 G	FARINA INTEGRALE
2	CUCCHIAI DI OLIO EXTRAVERGINE DI OLIVA
50 ML	ACQUA TIEPIDA
1	PIZZICO DI SALE

Per il ripieno

200 G	RADICCHIO
100 G	FETA LIGHT
1	CIPOLLA ROSSA
2	UOVA
1	CUCCHIAIO DI OLIO EXTRAVERGINE DI OLIVA
Q.B.	TIMO O ALTRE ERBE AROMATICHE
Q.B.	SALE
Q.B.	PEPE

Preparate la pasta: mescolate la farina con il sale e l'olio, poi aggiungete gradualmente l'acqua e impastate. Una volta ottenuto un impasto liscio e omogeneo, formate una palla, avvolgetela nella pellicola per alimenti e mettetela in frigorifero a riposare per 30 minuti.

Per il ripieno, tritate finemente la cipolla e fatela appassire in una padella con l'olio. Lavate e tagliate a striscioline sottili il radicchio e aggiungetelo nella padella con la cipolla stufata. Condite con un pizzico di sale e di pepe e il timo (o altre erbe aromatiche a piacere). Quando il radicchio sarà leggermente rosolato, toglietelo dal fuoco e tenetelo da parte.

Trascorso il tempo di riposo, stendete la pasta con il mattarello ricavando una sfoglia rotonda. Rivestite con un foglio di carta da forno una teglia rotonda da crostata e sistemate sul fondo la sfoglia di pasta preparata.

Distribuite uniformemente sulla base di pasta il radicchio spadellato e la feta sbriciolata. Battete le uova in una ciotola e versatele sopra il ripieno.

Preriscaldate il forno a 180 °C e cuocetevi la crostata salata per circa 25-30 minuti (la pasta dovrà risultare dorata). Sfornatela e aspettate che si intiepidisca prima di servirla tagliata a fette. A piacere, potete arricchire la crostata con qualche cubetto di feta da aggiungere in superficie per dare ancora più sapore.

20 MINUTI

20 MINUTI

FACILE

AUTUNNO

INVOLTINI DI VERZA RIPIENI DI QUINOA, CECI E FUNGHI

· SECONDI ·

PER 2 PERSONE

4	FOGLIE GRANDI DI VERZA
150 G	QUINOA
200 G	CECI IN SCATOLA SGOCCIOLATI
200 G	FUNGHI (DELLA VARIETÀ CHE PREFERITE)
1	CAROTA
1	CIPOLLA
1	CUCCHIAIO DI OLIO EXTRAVERGINE DI OLIVA
Q.B.	TIMO
Q.B.	SALE
Q.B.	PEPE

Cuocete la quinoa seguendo le indicazioni riportate sulla confezione. Nel frattempo, mondate e tagliate a dadini i funghi e rosolateli in una padella con l'olio e qualche fogliolina di timo.

Mescolate in una ciotola la quinoa cotta, i ceci sgocciolati dal liquido di conservazione e sciacquati sotto l'acqua corrente, i funghi rosolati, la cipolla tritata finemente, la carota pelata e grattugiata e un pizzico di sale e di pepe.

Distribuite il composto ottenuto al centro delle foglie di verza ben lavate e asciugate e chiudetele come dei burrito: piegate verso l'interno le estremità laterali, poi arrotolate la verza per ottenere degli involtini (stringeteli bene per non farli aprire durante la cottura).

Cuocete gli involtini al vapore per 20 minuti utilizzando una vaporiera oppure uno scolapasta posto all'interno di una pentola coperta e riempita con poca acqua.

Una volta cotti, servite gli involtini di verza in bianco oppure, a piacere, con una salsa al pomodoro, cotta a parte.

20 MINUTI
40 MINUTI
FACILE

AUTUNNO

POLPETTE DI CECI E ZUCCA

· SECONDI ·

PER 3 PERSONE

200 G	CECI IN SCATOLA SGOCCIOLATI
200 G	ZUCCA
1	UOVO
2	CUCCHIAI DI FARINA DI CECI
1	CUCCHIAIO DI OLIO EXTRAVERGINE DI OLIVA
1	CUCCHIAINO DI CURRY O CURCUMA
Q.B.	PANGRATTATO (FACOLTATIVO)
Q.B.	AGLIO IN POLVERE
Q.B.	PREZZEMOLO TRITATO
Q.B.	SALE
Q.B.	PEPE

Preriscaldate il forno a 180 °C. Mondate e tagliate a fette la zucca, sistematela in una teglia rivestita con un foglio di carta da forno, conditela con un pizzico di sale e di pepe e cuocetela nel forno caldo per circa 20 minuti.

Sgocciolate i ceci dal liquido di conservazione, sciacquateli sotto l'acqua corrente e frullateli con la zucca cotta al forno, un pizzico di sale e di pepe, l'aglio in polvere, il prezzemolo tritato e il curry (o la curcuma).

Aggiungete al composto l'uovo e la farina di ceci e amalgamateli bene. Se l'impasto risultasse troppo umido, aggiungete poco pangrattato.

Prelevate delle porzioni di circa 30-40 g l'una di impasto e formate le polpette. Disponetele in una teglia rivestita con un foglio di carta da forno e spennellatele con l'olio.

Cuocete le polpette nel forno caldo a 180 °C per 20 minuti. Sfornatele e servitele calde.

Consiglio > Potete cuocere le polpette anche in padella, facendole rosolare con un filo di olio extravergine di oliva. La cottura sarà più veloce.

10 MINUTI
15 MINUTI
FACILE

AUTUNNO

SCALOPPINE DI POLLO AI FUNGHI

· SECONDI ·

PER 1 PERSONA

150 G	PETTO DI POLLO
80 G	FUNGHI CHAMPIGNON
20 G	FARINA
50 ML	LATTE
1	CUCCHIAIO DI OLIO EXTRAVERGINE DI OLIVA
Q.B.	TIMO
Q.B.	SALE
Q.B.	PEPE

Ricavate dal petto di pollo delle fettine sottili. Impanate ogni fetta con la farina, eliminate quella in eccesso e rosolate le fettine di pollo a fiamma vivace in una padella con l'olio, facendole dorare bene su entrambi i lati.

Togliete il pollo dalla padella e tenetelo da parte. Nella stessa padella, rosolate i funghi mondati e tagliati a fettine, poi copriteli con il latte e aggiungete un rametto di timo per insaporire la salsa.

Quando la salsa inizierà ad addensarsi, rimettete il pollo nella padella e terminate la cottura facendo restringere la salsa. Regolate di sale e di pepe.

Consiglio > A piacere, potete servire le scaloppine di pollo ai funghi su una base di riso Basmati.

20 MINUTI | 1 ORA | 2 ORE | MEDIA

AUTUNNO

SPEZZATINO DI MANZO AI FUNGHI

· SECONDI ·

PER 4 PERSONE

500 G	POLPA DI MANZO (FESA, NOCE O GIRELLO)
1	COSTA DI SEDANO
2	CAROTE
2	CIPOLLE
200 G	FUNGHI CHAMPIGNON
50 G	FUNGHI PORCINI SECCHI
20 G	OLIO EXTRAVERGINE DI OLIVA
50 ML	VINO ROSSO
40 G	FARINA 00
Q.B.	TIMO
Q.B.	SALE
Q.B.	PEPE

Mettete in ammollo i funghi secchi in una ciotola con acqua fredda per un'ora, poi scolateli, strizzateli leggermente e riuniteli in una casseruola con una cipolla, una carota e ½ costa di sedano mondati e tagliati grossolanamente.

Coprite le verdure con abbondante acqua fredda e preparate un brodo, poi frullatelo e passatelo al setaccio.

Scaldate 10 g di olio in un'altra casseruola e fatevi stufare bene i funghi champignon mondati e tagliati a fettine sottili. Una volta cotti, toglieteli dalla casseruola e teneteli da parte.

Mondate e tagliate a cubetti abbastanza piccoli il sedano, la carota e la cipolla rimasti e fateli soffriggere nella stessa casseruola usata per i funghi champignon, aggiungendo l'olio rimasto.

Tagliate la carne a bocconcini e infarinateli, poi aggiungeteli nella casseruola con il soffritto e fateli dorare bene su tutti i lati. Salate e pepate, sfumate con il vino rosso, lasciate evaporare l'alcol, poi aggiungete i funghi champignon.

Coprite lo spezzatino con il brodo setacciato e cuocetelo a fuoco lento e con il coperchio per circa 2 ore. Fate attenzione che il liquido non si restringa troppo altrimenti la carne si seccherà.

Al termine della cottura, controllate la densità della salsa. Nel caso in cui risultasse troppo liquida, continuate a cuocere lo spezzatino senza coperchio fino a quando la salsa si sarà ristretta. Servite lo spezzatino accompagnandolo, a piacere, con del riso bianco.

10 MINUTI | 1 ORA | 3 MINUTI | FACILE

AUTUNNO

BARRETTE DI AVENA E BURRO DI ARACHIDI

· DOLCI ·

PER 6 BARRETTE

100 G	FIOCCHI DI AVENA
60 G	BURRO DI ARACHIDI
30 G	CIOCCOLATO FONDENTE
10	MANDORLE
100 ML	BEVANDA VEGETALE DI SOIA
1	CUCCHIAINO DI MIELE

Scaldate in un pentolino la bevanda vegetale di soia e scioglietevi all'interno il miele.

Mescolate in una ciotola i fiocchi di avena con il burro di arachidi e versatevi sopra la bevanda di soia calda.

Aspettate qualche minuto affinché l'avena assorba la bevanda di soia, poi, una volta che il composto sarà tiepido, aggiungete le mandorle tritate e mescolate bene per amalgamarle.

Rivestite uno stampo rettangolare con un foglio di carta da forno e versatevi all'interno il composto preparato, livellandolo bene in superficie. Trasferite lo stampo in frigorifero per 1 ora.

Una volta trascorso il tempo indicato, sformate il composto ottenuto e tagliatelo in 6 barrette. Sciogliete il cioccolato a bagnomaria e immergetevi la base delle barrette. Fatele raffreddare per qualche minuto su un foglio di carta da forno in modo che il cioccolato si solidifichi.

Consiglio > Queste barrette sono perfette per uno spuntino veloce durante la giornata oppure per una colazione rapida.

20 MINUTI
20 MINUTI
FACILE

BISCOTTI PROTEICI ALLA ZUCCA E AVENA

AUTUNNO

• DOLCI •

PER 12-15 BISCOTTI

200 G	PUREA DI ZUCCA (CUOCETE LA ZUCCA E FRULLATELA OPPURE ACQUISTATE UNA PUREA GIÀ PRONTA)
100 G	FARINA DI AVENA
100 G	FIOCCHI DI AVENA
100 G	ALBUME
40 G	GOCCE DI CIOCCOLATO FONDENTE
20 G	STEVIA (OPPURE 30 G DI PROTEINE IN POLVERE)
1	CUCCHIAIO DI MIELE
1	CUCCHIAINO DI CANNELLA IN POLVERE
1	CUCCHIAINO DI LIEVITO ISTANTANEO PER DOLCI
Q.B.	ESTRATTO DI VANIGLIA

Preriscaldate il forno a 180 °C e rivestite una teglia con un foglio di carta da forno.

In una ciotola, mescolate la purea di zucca, l'albume, il miele e qualche goccia di estratto di vaniglia. Quando tutti gli ingredienti liquidi saranno ben miscelati, aggiungete la farina di avena setacciata, la stevia (o le proteine), i fiocchi di avena, la cannella, il lievito e, dopo che tutto sarà ben amalgamato, anche le gocce di cioccolato.

Con un cucchiaino, prelevate delle piccole porzioni di impasto e formate delle palline. Sistematele nella teglia rivestita con la carta da forno e appiattitele con il dorso del cucchiaino per dargli la classica forma dei biscotti.

Cuocete i biscotti nel forno caldo per circa 15 minuti, avendo l'accortezza di verificare la cottura dopo i primi 10 minuti. Una volta sfornati, lasciateli raffreddare prima di gustarli.

10 MINUTI
40 MINUTI
FACILE

AUTUNNO

TORTA DI MELE ALLO YOGURT

· DOLCI ·

PER 6 PERSONE

200 G	FARINA 00 (PIÙ QUELLA PER LA TORTIERA)
150 G	YOGURT GRECO
1	LIMONE
8 G	LIEVITO ISTANTANEO PER DOLCI
80 G	ZUCCHERO
40 G	DOLCIFICANTE 0 CALORIE (STEVIA O ERITRITOLO)
2	UOVA
2	MELE GOLDEN
Q.B.	BURRO

Preriscaldate il forno a 180 °C. Sbucciate e tagliate a cubetti una mela e mezza (la metà rimasta tagliatela a fettine, che utilizzerete per la decorazione). Mescolate i cubetti di mela con il succo del limone e 1 cucchiaio di zucchero.

In una ciotola, battete le uova con lo zucchero rimasto e il dolcificante. Una volta ottenuto un composto chiaro e spumoso, aggiungete lo yogurt greco e, successivamente, il lievito e la farina setacciati. Amalgamate bene il tutto, poi unite le mele a cubetti e, con una spatola di silicone, incorporatele all'impasto.

Imburrate e infarinate una tortiera rotonda di 20 cm di diametro e versatevi il composto. Livellatelo bene e decorate la superficie con le fettine di mela.

Cuocete la torta nel forno caldo per circa 40-45 minuti. Controllate la cottura con uno stuzzicadenti e, quando ne uscirà asciutto, sfornate la torta e fatela freddare prima di sformarla.

INVERNO

COLAZIONE

PRIMI

SECONDI

DOLCI

10 MINUTI
50 MINUTI
10 MINUTI
FACILE

INVERNO

ALBUMINO AL CACAO E ARANCIA

· COLAZIONE ·

PER 1 PERSONA

100 G	ALBUME
100 ML	ACQUA
10 G	CACAO AMARO IN POLVERE
10-15	GOCCE DI DOLCIFICANTE LIQUIDO 0 CALORIE
1	ARANCIA

In un pentolino, versate l'albume e l'acqua e cuoceteli a fiamma media, continuando a mescolare energicamente, fino a quando il composto si sarà addensato (serviranno circa 6-7 minuti), facendo attenzione che l'albume non formi grumi.

Versate il composto ottenuto in un mixer, aggiungete il dolcificante, il cacao e la scorza dell'arancia (fate attenzione a non prelevare la parte bianca). Frullate il tutto fino a ottenere un composto liscio e omogeneo.

Versate il composto in un bicchiere e fatelo raffreddare per 20 minuti a temperatura ambiente, poi per altri 30 minuti in frigorifero. Consumatelo quando sarà ben freddo e addensato, decorando a piacere con delle fettine di arancia.

Consiglio > Questa colazione proteica può essere preparata in quantità maggiori all'inizio della settimana e conservata in frigorifero per qualche giorno. Vi consiglio quindi di prepararne 2-3 porzioni per volta, così da averle pronte per più giorni.

30 MINUTI

2 ORE

MEDIA

INVERNO

CHEESECAKE FIT INVERNALE

· COLAZIONE ·

PER 6 PERSONE

9	BISCOTTI TIPO DIGESTIVE
100 ML	BEVANDA VEGETALE A PIACERE
400 G	YOGURT GRECO
250 G	FORMAGGIO SPALMABILE LIGHT O PROTEICO
15	GOCCE DI DOLCIFICANTE LIQUIDO 0 CALORIE
Q.B.	AROMA ALLA VANIGLIA
Q.B.	FRUTTA DI STAGIONE (ARANCIA, KIWI, MELA, MANDARINO, PERA) OPPURE CONFETTURA 100% DA FRUTTA

Tritate finemente i biscotti e mescolateli in una ciotola con la bevanda vegetale.

In una ciotola a parte, mescolate lo yogurt con il formaggio spalmabile, qualche goccia di aroma alla vaniglia e il dolcificante (potete aumentare o diminuire la dose di dolcificante a seconda del vostro gusto).

Distribuite equamente il composto di biscotti tritati sul fondo di 6 bicchieri uguali e premetelo bene con il dorso di un cucchiaio per livellarlo e compattarlo.

Versate la crema di yogurt e formaggio spalmabile sopra le basi di biscotti e livellate anche questa con il dorso di un cucchiaio.

Se avete scelto di utilizzare la confettura, distribuitene uno strato uniforme sulla crema e ponete le cheesecake in frigorifero a riposare per almeno 2 ore. Se, invece, preferite utilizzare la frutta fresca, fate riposare le cheesecake in frigorifero per il tempo indicato poi, prima di servirle, decoratele in superficie con la frutta scelta, lavata, mondata e tagliata a fettine.

Consiglio > Le cheesecake possono essere conservate in frigorifero, coperte con la pellicola per alimenti, per 3-4 giorni senza subire alterazioni di gusto.

5 MINUTI
10 MINUTI
FACILE

INVERNO

PORRIDGE DI AVENA AL CIOCCOLATO E BANANA

· COLAZIONE ·

PER 1 PERSONA

50 G	FIOCCHI DI AVENA
10 G	CIOCCOLATO FONDENTE
1	BANANA
5	GOCCE DI DOLCIFICANTE LIQUIDO 0 CALORIE
100 ML	BEVANDA VEGETALE A PIACERE

Scaldate in un pentolino la bevanda vegetale con i fiocchi di avena, aggiungendo anche poca acqua.

Cuocete fino a quando l'avena avrà assorbito tutto il liquido e inizierà a sfaldarsi (se i fiocchi fossero ancora duri, aggiungete altra acqua e continuate a cuocere).

Una volta cotta l'avena, spegnete il fuoco e aggiungete il dolcificante e il cioccolato fondente tritato grossolanamente. Mescolate fino a quando il cioccolato si sarà sciolto completamente.

Tagliate a piccoli cubetti metà della banana e mescolatela al porridge. Usate la mezza banana rimasta, tagliata a fettine, per guarnire il piatto.

15 MINUTI
15 MINUTI
FACILE

INSALATA DI QUINOA, BARBABIETOLA E TOFU

INVERNO · PRIMI ·

PER 2 PERSONE

180 G	QUINOA
1	BARBABIETOLA COTTA AL VAPORE
250 G	TOFU
1	CAROTA
10 ML	SALSA DI SOIA
2	CUCCHIAI DI OLIO EXTRAVERGINE DI OLIVA
Q.B.	BASILICO
Q.B.	ROSMARINO
Q.B.	SALE
Q.B.	PEPE

Tagliate il tofu a cubetti e mettetelo a marinare in una ciotola con 1 cucchiaio di olio, la salsa di soia, qualche aghetto di rosmarino tritato, qualche foglia di basilico e un pizzico di sale e di pepe.

Nel frattempo, sciacquate la quinoa sotto l'acqua corrente e cuocetela in acqua bollente salata per il tempo indicato sulla confezione, aggiungendo negli ultimi 5 minuti di cottura la carota sbucciata e tagliata a dadini. Una volta cotta, tenetela da parte.

Scaldate bene una padella e rosolatevi il tofu sgocciolato dalla marinatura (tenetela da parte). Quando i cubetti di tofu saranno dorati su tutti i lati, sfumate con la marinatura tenuta da parte e spegnete il fuoco.

Tagliate a pezzetti la barbabietola, eliminando la buccia, mettetela in una ciotola con la quinoa cotta e il tofu e condite il tutto con l'olio rimasto e un pizzico di sale e di pepe.

15 MINUTI
20 MINUTI
FACILE

INVERNO

PASTA CON CREMA DI CECI E POMODORI

· PRIMI ·

PER 1 PERSONA

90 G	PASTA
70 G	CECI SECCHI (OPPURE 140 G DI CECI IN SCATOLA SGOCCIOLATI)
1	SPICCHIO DI AGLIO
2	POMODORI
Q.B.	ROSMARINO
Q.B.	OLIO EXTRAVERGINE DI OLIVA
Q.B.	SALE

Se utilizzate i ceci secchi, ammollateli in acqua per almeno 12 ore prima di cuocerli.

Private i pomodori della polpa e tagliateli a piccoli cubetti. Scaldate un cucchiaio di olio in una casseruola e rosolatevi l'aglio. Una volta che lo spicchio sarà dorato, eliminatelo dalla casseruola e aggiungete metà dei cubetti di pomodoro.

Unite i ceci sgocciolati, un rametto di rosmarino e coprite a filo con l'acqua. Cuocete i ceci fino a quando saranno molto morbidi, poi eliminate il rametto di rosmarino, frullateli grossolanamente e aggiustate di sale. Se la crema di ceci ottenuta risultasse troppo acquosa, fatela ridurre un po' a fiamma vivace prima di unire la pasta.

Versate la pasta nella casseruola con i ceci frullati e cuocetela per il tempo indicato sulla confezione. Servite la pasta ben calda, aggiungendo a crudo i cubetti di pomodoro rimasti.

15 MINUTI

1 ORA

FACILE

INVERNO

RIGATONI AL RAGÙ BIANCO

· PRIMI ·

PER 4 PERSONE

500 G	RIGATONI
200 G	MACINATO MAGRO DI VITELLO
2	CAROTE
2	CIPOLLE
2	COSTE DI SEDANO
1	POMODORO
20 G	CONCENTRATO DI POMODORO
50 ML	VINO BIANCO
1	CUCCHIAIO DI OLIO EXTRAVERGINE DI OLIVA
40 G	PECORINO ROMANO GRATTUGIATO
Q.B.	SALE

Versate 1 litro di acqua fredda in una pentola, aggiungete una cipolla mondata e tagliata a metà, una carota pelata, una costa di sedano e il pomodoro tagliato in 4 parti. Portate a ebollizione, poi proseguite la cottura del brodo.

Nel frattempo, mondate e tagliate finemente le verdure rimaste e soffriggetele in una casseruola con l'olio. Non appena si saranno ammorbidite, aggiungete il macinato di vitello e sgranatelo bene con un cucchiaio.

Quando la carne sarà ben rosolata e dorata, sfumate con il vino, aggiungete il concentrato di pomodoro e versate nella casseruola 3-4 mestoli di brodo filtrato.

Cuocete il ragù a fuoco basso per un'ora, aggiungendo poco per volta altro brodo, fino a farlo assorbire tutto (se necessario, prolungate la cottura del ragù fino a terminare tutto il brodo preparato).

Cuocete i rigatoni in acqua bollente salata, scolateli qualche minuto prima della fine della cottura e versateli nella casseruola con il ragù. Portate a termine la cottura della pasta, poi spegnete il fuoco, fate riposare la preparazione per un paio di minuti e aggiungete il pecorino grattugiato. Mantecate e servite i rigatoni al ragù bianco ben caldi.

10 MINUTI

15 MINUTI

FACILE

INVERNO

SPAGHETTONI CON BROCCOLO ROMANESCO E PAPRIKA

· PRIMI ·

PER 2 PERSONE

200 G	SPAGHETTONI
1	BROCCOLO ROMANESCO
30 G	PARMIGIANO GRATTUGIATO
1	PEPERONCINO FRESCO
1	CUCCHIAIO DI OLIO EXTRAVERGINE DI OLIVA
1	SPICCHIO DI AGLIO
Q.B.	PAPRIKA IN POLVERE
Q.B.	SALE

Mondate e tagliate a cimette il broccolo, sbollentatelo in acqua salata per circa 5 minuti, poi scolatelo e raffreddatelo sotto l'acqua corrente.

Scaldate l'olio in una padella e rosolatevi il broccolo con l'aglio e il peperoncino.

Quando le cimette saranno dorate, eliminate l'aglio e il peperoncino, aggiustate di sale e frullate tutto fino a ottenere una crema densa e omogenea.

Cuocete la pasta in acqua bollente salata per il tempo indicato sulla confezione, scolatela tenendo da parte un po' di acqua di cottura e trasferitela in una padella con la crema di broccoli e un poco dell'acqua di cottura tenuta da parte. Mescolate per amalgamare bene il tutto.

Aggiungete il parmigiano grattugiato, mantecate e impiattate, aggiungendo alla fine una generosa spolverata di paprika.

10 MINUTI
20 MINUTI
FACILE

INVERNO

VELLUTATA DI FINOCCHIO CON PORRI E SEMI DI ZUCCA TOSTATI

· PRIMI ·

PER 1 PERSONA

1	FINOCCHIO
1	PORRO
20 G	SEMI DI ZUCCA
1	CAROTA
1	CIPOLLA
1	COSTA DI SEDANO
100 G	PATATE
Q.B.	OLIO EXTRAVERGINE DI OLIVA
Q.B.	ANETO
Q.B.	SALE
Q.B.	PEPE

Preparate un brodo con la carota, la cipolla e il sedano mondati e tagliati grossolanamente. Riuniteli in una pentola con acqua fredda e portate a ebollizione.

Quando il brodo starà bollendo, aggiungete le patate sbucciate e tagliate a cubetti e il finocchio mondato e tagliato grossolanamente.

Solo quando il finocchio si sarà ammorbidito, unite il porro tagliato a rondelle sottili e fate bollire il tutto per altri 5 minuti, poi spegnete il fuoco e scolate le verdure dal brodo, tenendolo da parte.

Frullate le verdure con un rametto di aneto e un pizzico di sale e di pepe, fino a ottenere un composto omogeneo. Regolate la densità della vellutata aggiungendo il brodo necessario a raggiungere la consistenza desiderata. Servitela ben calda, cosparsa con un filo di olio e i semi di zucca tostati.

10 MINUTI
20 MINUTI
FACILE

INVERNO

ZUPPA DI LENTICCHIE AL CURRY

· PRIMI ·

PER 1 PERSONA

60 G	LENTICCHIE DECORTICATE
1	SPICCHIO DI AGLIO
50 ML	LATTE DI COCCO
Q.B.	PAPRIKA IN POLVERE
Q.B.	PEPERONCINO IN POLVERE
Q.B.	CURRY IN POLVERE
Q.B.	SALE

Mettete in ammollo le lenticchie per almeno 12 ore, poi scolatele, trasferitele in una casseruola e cuocetele in acqua fredda con la paprika, il peperoncino, il curry e lo spicchio di aglio. L'acqua dovrà coprire a filo le lenticchie.

Portate a ebollizione, poi, dopo circa 5-6 minuti, aggiungete il latte di cocco e, se necessario, altra acqua, così da poter proseguire la cottura senza che le lenticchie si asciughino troppo. Aggiustate di sale.

Quando la zuppa si sarà addensata e le lenticchie inizieranno a sfaldarsi, togliete la casseruola dal fuoco e servite la zuppa.

Consiglio > A piacere, potete accompagnare la zuppa di lenticchie al curry con del riso Basmati che esalterà alla perfezione il gusto di questo piatto tipico della cucina mediorientale.

20 MINUTI
3 ORE
FACILE

INVERNO

ZUPPA DI TRIPPA [FLAKI]

· PRIMI ·

PER 8 PERSONE

800 G	TRIPPA
1	COSCIA DI POLLO
2	CAROTE
1	MAZZO DI PREZZEMOLO CON LA RADICE
1	PORRO
3	CUCCHIAI DI MAGGIORANA ESSICCATA
1	CUCCHIAINO DI PAPRIKA DOLCE
1	CUCCHIAIO DI PEPE NERO
1	FOGLIA DI ALLORO
2	CUCCHIAI DI FARINA 00
2	CUCCHIAI DI OLIO EXTRAVERGINE DI OLIVA
Q.B.	SALE

Se la trippa non è precotta, cuocetela in acqua bollente per circa 30 minuti, poi scolatela e tenetela da parte.

In un'altra pentola, versate 2 litri di acqua fredda, aggiungete le carote e il porro mondati a tagliati a pezzetti, il mazzo di prezzemolo intero e ben lavato, l'alloro e la coscia di pollo.

Portate a ebollizione il brodo e proseguite la cottura fino a quando la coscia di pollo risulterà morbida, aggiungete la trippa tagliata a striscioline sottili, la maggiorana, il pepe, la paprika e il sale. Proseguite la cottura della zuppa per 1 ora e 30 minuti.

Quando la trippa sarà morbidissima, scaldate leggermente l'olio in una padellina, aggiungete la farina, fatela imbrunire, poi versate il composto ottenuto nella zuppa e cuocetela per altri 10 minuti, fino a quando il brodo si sarà addensato. Servite la zuppa di trippa ben calda.

10 MINUTI

15 MINUTI

FACILE

CAVOLFIORE ARROSTO CON HUMMUS AL LIMONE

INVERNO

· SECONDI ·

PER 2 PERSONE

1	CAVOLFIORE
240 G	CECI IN SCATOLA SGOCCIOLATI (OPPURE 100 G DI CECI SECCHI)
1	LIMONE
2	POMODORI
2	CUCCHIAI DI OLIO EXTRAVERGINE DI OLIVA
Q.B.	BASILICO
Q.B.	SALE
Q.B.	PEPE

Mondate il cavolfiore eliminando le foglie, lavatelo e dividetelo a metà (a piacere, potete anche eliminare la parte arrotondata alle estremità).

Immergete il cavolfiore in una pentola con acqua bollente leggermente salata e cuocetelo fino a quando sarà morbido ma ancora compatto (circa 6-7 minuti).

Nel frattempo, sgocciolate i ceci dal liquido di conservazione e sciacquateli sotto l'acqua corrente (se utilizzate i ceci secchi, ammollateli in acqua fredda per almeno 12 ore, poi cuoceteli per il tempo indicato sulla confezione).

Frullate i ceci con il succo del limone e 1 cucchiaio di olio. Aggiustate di sale e di pepe e tenete da parte l'hummus ottenuto.

Una volta cotto, scolate il cavolfiore, asciugatelo bene, trasferitelo in una padella ben calda con 1 cucchiaio di olio e arrostitelo fino a quando risulterà dorato uniformemente.

Lavate e tagliate a cubetti i pomodori, conditeli con un pizzico di sale e qualche foglia di basilico. Disponete il cavolfiore nei piatti, ricopritelo con l'hummus di ceci e i pomodori conditi e servite.

15 MINUTI

30 MINUTI

FACILE

INVERNO

COSCE DI POLLO CROCCANTI AL FORNO

· SECONDI ·

PER 3 PERSONE

10	COSCE DI POLLO
Q.B.	FARINA 00
Q.B.	ACQUA FRIZZANTE
Q.B.	CORN FLAKES
Q.B.	OLIO EXTRAVERGINE DI OLIVA (FACOLTATIVO)

Preriscaldate il forno a 170 °C. Eliminate la pelle dalle cosce di pollo, asciugatele bene con un foglio di carta assorbente e infarinatele.

Mescolate in una ciotola 150 g di farina e l'acqua frizzante necessaria per ottenere una pastella fluida e passate le cosce di pollo prima nella pastella e poi nei corn flakes, formando una panatura omogenea.

Sistemate le cosce di pollo in una teglia rivestita con un foglio di carta da forno e cuocetele nel forno caldo per circa 30 minuti (per un risultato ancora più croccante, prima di infornarle, vaporizzatele con poco olio extravergine di oliva).

Consiglio > Servite le cosce di pollo croccanti accompagnandole, a piacere, con una salsa allo yogurt e delle patate cotte al forno con poco olio.

10 MINUTI

10 MINUTI

FACILE

FRITTATA DI PATATE DOLCI E SALSICCIA

PER 1 PERSONA

3	UOVA
50 G	SALSICCIA DI POLLO O TACCHINO
1	PATATA DOLCE
1	CIPOLLA BIANCA
Q.B.	ROSMARINO
Q.B.	OLIO EXTRAVERGINE DI OLIVA
Q.B.	SALE
Q.B.	PEPE

Pelate la patata dolce e tagliatela a cubetti piccoli. Tagliate la cipolla a fettine sottili e rosolatela insieme ai cubetti di patata in una padella leggermente unta con un filo di olio.

Nel frattempo, eliminate il budello della salsiccia e tagliatela a pezzettini. Cuocetela in un'altra padella senza grassi fino a quando sarà ben dorata, poi trasferitela nella padella con le patate e le cipolle.

Battete le uova in una ciotola con un pizzico di sale e di pepe e qualche aghetto di rosmarino tritato, poi versatele nella padella con il resto degli ingredienti. Coprite la padella con un coperchio e cuocete la frittata a fuoco basso.

Non appena la base della frittata risulterà dorata, capovolgetela con l'aiuto del coperchio e cuocetela sull'altro lato. Fatela leggermente intiepidire prima di impiattarla e servirla.

Consiglio > A piacere, potete servire la frittata cosparsa con un velo di ketchup.

10 MINUTI
20 MINUTI
FACILE

HAMBURGER VEGETALI AI BROCCOLI

INVERNO

· SECONDI ·

PER 4 PERSONE

1 KG	BROCCOLI
200 G	TOFU (IN ALTERNATIVA AGGIUNGETE ALTRI 100 G DI PATATE, MA LA PREPARAZIONE SARÀ MENO PROTEICA)
100 G	PATATE
50 G	PARMIGIANO GRATTUGIATO
Q.B.	PANGRATTATO
Q.B.	SALE
Q.B.	PEPE

Mondate e tagliate a cimette i broccoli (utilizzando anche il gambo, che ridurrete a pezzetti). Sbucciate le patate e tagliatele a cubetti.

Cuocete i broccoli e le patate in acqua bollente leggermente salata per circa 10 minuti (verificate che le verdure siano morbide). Scolate e lasciate raffreddare leggermente.

Mescolate in una ciotola le patate, i broccoli, il tofu, il parmigiano grattugiato e un pizzico di sale e di pepe. Impastate energicamente con le mani in modo da non lasciare pezzi di broccolo troppo grossi, poi dividete l'impasto in 8 porzioni uguali (pesatele con una bilancia).

Formate delle palline con l'impasto, poi, aiutandovi con un coppapasta, create i vostri hamburger e pressateli bene.

Passate gli hamburger nel pangrattato, ricoprendoli uniformemente (se necessario ripetete l'operazione 2 volte), e cuoceteli in una padella ben calda, facendoli dorare su entrambi i lati. Servite gli hamburger al piatto oppure all'interno di un panino ai 5 cereali.

5 MINUTI
10 MINUTI
FACILE

INVERNO

PETTO DI POLLO ALL'ARANCIA

· SECONDI ·

PER 2 PERSONE

350 G	PETTO DI POLLO A FETTINE
50 ML	VINO BIANCO
1	ARANCIA
1	CUCCHIAIO DI OLIO EXTRAVERGINE DI OLIVA
Q.B.	FARINA 00
Q.B.	SALE
Q.B.	PEPE

Grattugiate la scorza dell'arancia e spremetene il succo, tenendo da parte entrambi. Passate le fettine di pollo nella farina, ricoprendole uniformemente su entrambi i lati e cercando di non lasciare grumi.

Scaldate l'olio in una padella e fatevi rosolare le fettine di pollo fino a quando saranno dorate su entrambi i lati, salatele e pepatele leggermente, poi sfumate con il vino bianco e il succo dell'arancia diluito con poca acqua.

Fate restringere la parte liquida fino ad addensarsi, poi spegnete il fuoco. Servite il petto di pollo cosparso con una spolverata di scorza di arancia grattugiata.

Consiglio > A piacere, potete accompagnare il petto di pollo all'arancia con riso bianco o patate al vapore.

20 MINUTI
20 MINUTI
FACILE

POLPETTE DI CAVOLFIORE CON SALSA PROTEICA ALLA CURCUMA

INVERNO

· SECONDI ·

PER 2 PERSONE

Per le polpette

1	CAVOLFIORE
100 G	PATATE
Q.B.	ACQUA FRIZZANTE
Q.B.	FARINA
Q.B.	TIMO
Q.B.	SALE
Q.B.	PEPE

Per la salsa

150 G	YOGURT GRECO 0% DI GRASSI
10 G	OLIO EXTRAVERGINE DI OLIVA
Q.B.	CURCUMA
Q.B.	SALE

Tagliate il cavolfiore a cimette e sbollentatelo in acqua leggermente salata. Scolatelo conservando l'acqua di cottura e cuocetevi le patate pelate e tagliate a cubetti per circa 6-7 minuti.

Sgocciolate bene il cavolfiore e le patate e frullateli insieme a qualche fogliolina di timo e un pizzico di sale e di pepe.

Preparate una pastella fluida mescolando in una ciotola la farina e l'acqua frizzante ben fredda.

Con il composto di cavolfiore e patate, formate delle palline e passatele nella pastella, ricoprendole uniformemente. Sgocciolatele bene, poi disponetele in una teglia rivestita con un foglio di carta da forno. Cuocete le polpette nel forno caldo a 180 °C per 20 minuti circa.

Nel frattempo, preparate la salsa mescolando in una ciotola lo yogurt greco, la curcuma, un pizzico di sale e l'olio. Servite le polpette su una base di salsa alla curcuma.

10 MINUTI
15 MINUTI
FACILE

INVERNO

POLPETTE DI TOFU ALLA MEDITERRANEA

· SECONDI ·

PER 1 PERSONA

150 G	TOFU
50 G	PATATA
20 G	PANGRATTATO
3	OLIVE NERE
3	POMODORI SECCHI
Q.B.	AGLIO IN POLVERE
Q.B.	ORIGANO
Q.B.	SALE

Cuocete la patata con la buccia nel microonde per 10 minuti oppure sbollentatela finché sarà morbida.

Frullate il tofu con la patata, le olive, i pomodori secchi, l'aglio, l'origano e un pizzico di sale. Con il composto ottenuto, formate delle polpette che passerete poi nel pangrattato, ricoprendole uniformemente.

Cuocete le polpette nel forno caldo a 180 °C per 15 minuti circa oppure nella friggitrice ad aria, girandole di tanto in tanto.

Consiglio > Potete servire le polpette di tofu con qualche cucchiaio di passata di pomodoro condita con il sale, l'origano e il peperoncino oppure, a piacere, con della salsa di soia.

10 MINUTI
20 MINUTI
FACILE

INVERNO

MUFFIN ALL'ARANCIA

• DOLCI •

PER 8 MUFFIN

1	UOVO
1	ALBUME
100 G	ZUCCHERO
100 ML	BEVANDA VEGETALE A PIACERE
35 G	OLIO DI SEMI
1	ARANCIA
230 G	FARINA 00
8 G	LIEVITO ISTANTANEO PER DOLCI
Q.B.	ZUCCHERO A VELO

Preriscaldate il forno a 170 °C. In una ciotola, montate con le fruste elettriche lo zucchero con l'uovo intero e l'albume. Quando il composto sarà spumoso, aggiungete l'olio di semi, la bevanda vegetale, la scorza grattugiata dell'arancia e il suo succo.

Incorporate infine la farina e il lievito setacciati, aggiungendoli a poco a poco all'impasto e mescolando per amalgamarli bene.

Una volta ottenuto un composto liscio e omogeneo, distribuitelo equamente all'interno di 8 pirottini da muffin. Cuocete nel forno caldo per 30 minuti (verificate la cottura con uno stuzzicadenti).

Sfornate i muffin e lasciateli raffreddare prima di sformarli dai pirottini. Serviteli con una spolverata di zucchero a velo.

10 MINUTI
10 MINUTI
5 MINUTI
FACILE

INVERNO

SPICCHI DI MANDARINO AL CIOCCOLATO

· DOLCI ·

PER 4 PERSONE

4	MANDARINI
80 G	CIOCCOLATO FONDENTE AL 50%

Spezzettate grossolanamente il cioccolato fondente, mettetelo in una ciotola e fatelo sciogliere a bagnomaria, oppure al microonde, mescolando di tanto in tanto per evitare che si bruci.

Sbucciate i mandarini e dividete tutti gli spicchi, eliminando accuratamente anche i filamenti bianchi.

Immergete ogni spicchio di mandarino, per metà, nel cioccolato fuso, poi lasciateli raffreddare in frigorifero, sistemati in una teglia rivestita con un foglio di carta da forno, fino a quando il cioccolato sarà ben indurito.

Consiglio > Questo dessert si presta a essere consumato come snack sano, oppure per una cena a buffet.

15 MINUTI
45 MINUTI
FACILE

INVERNO

TORTA AL CACAO E YOGURT GRECO

· DOLCI ·

PER 8 PERSONE

200 G	FARINA 00
3	UOVA
200 G	YOGURT GRECO
27 G	OLIO DI SEMI
100 ML	BEVANDA VEGETALE NON ZUCCHERATA (MANDORLA O NOCCIOLA)
120 G	ZUCCHERO SEMOLATO
50 G	DOLCIFICANTE 0 CALORIE
20 G	CACAO AMARO IN POLVERE
40 G	FECOLA DI PATATE
10 G	LIEVITO ISTANTANEO PER DOLCI
50 G	GOCCE DI CIOCCOLATO (FACOLTATIVE)

Preriscaldate il forno a 180 °C. In una ciotola, montate le uova con lo zucchero e il dolcificante, utilizzando le fruste elettriche oppure a mano, finché il composto risulterà chiaro e spumoso.

Continuando a montare più lentamente, aggiungete l'olio, la bevanda vegetale e infine lo yogurt greco.

In una ciotola a parte, setacciate insieme la fecola, il cacao, la farina e il lievito, poi incorporate tutto, a poco a poco, nel composto liquido preparato in precedenza, sempre usando la frusta.

A piacere, aggiungete anche le gocce di cioccolato, mescolando lentamente con una spatola per amalgamarle.

Versate l'impasto in uno stampo da plumcake rivestito con un foglio di carta da forno. Cuocete la torta nel forno caldo per 40-45 minuti, verificando alla fine la cottura con uno stuzzicadenti. Sfornate la torta e lasciatela raffreddare prima di sformarla.

INDICE ALFABETICO

Desidero esprimere la mia più sincera gratitudine a tutti coloro che hanno reso possibile la realizzazione di questo ricettario.

Un pensiero particolare va a tutte le persone che mi hanno supportato e che hanno seguito il mio percorso dall'inizio sui social. La vostra passione per la mia cucina e il vostro costante incoraggiamento mi hanno ispirato a cercare di creare ricette innovative e sempre più buone. Ogni commento, ogni condivisione e ogni feedback ha contribuito a rendere questo libro possibile.

Un sentito grazie al team di Hoopygang e HoopyTalent, il cui supporto è stato fondamentale in questo percorso.

Un ringraziamento speciale va alla casa editrice Cairo Editore per aver creduto in questo progetto e per la dedizione dimostrata in ogni fase della pubblicazione.

Spero che queste ricette possano accompagnarvi durante le vostre giornate e che possano insegnarvi che la cucina sana non è sofferenza.

Grazie di cuore a tutti,

Eric

Finito di stampare nel mese di gennaio 2025
per conto di RCS MediaGroup S.p.A.
da ERRESTAMPA
Via Portico 27, 24050 Orio al Serio (BG)
Printed in Italy